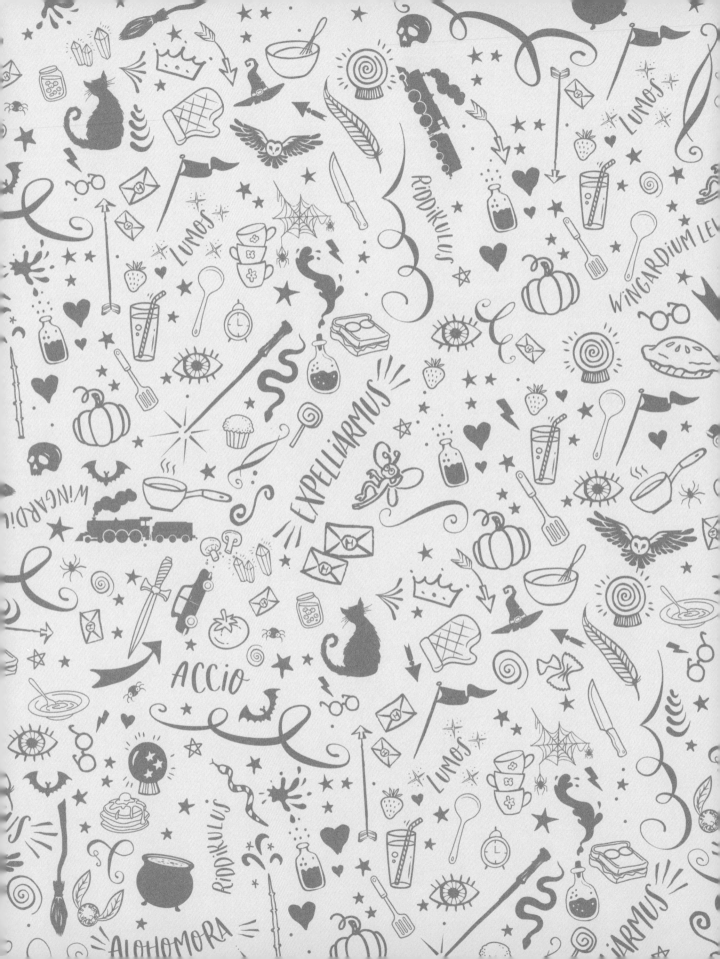

Harry Potter™

EL LIBRO DE COCINA OFICIAL

MAGAZZINI
SALANI

Harry Potter™

EL LIBRO DE COCINA OFICIAL

DE

Joanna Farrow

MAGAZZINI
SALANI

ÍNDICE

36

38

28

NIVELES DE COCINERO MÁGICO

Las recetas incluyen un indicador de dificultad en forma de escala de rayos, desde uno (principiante) hasta tres (intermedio), para que te sirvan de guía.

⚡ **PRINCIPIANTE**

⚡⚡ **FÁCIL**

⚡⚡⚡ **INTERMEDIO**

PLATOS PRINCIPALES

ÍNDICE

POSTRES Y DULCES

BEBIDAS

BANDERINES DE INFORMACIÓN DIETÉTICA

¿Sigues una dieta vegetariana, vegana o sin gluten? Fíjate en estos banderines de colores para comprobar qué recetas se ajustan a tu dieta.

 V Apta para VEGETARIANOS

 VG Apta para VEGANOS

 SG Apta para dietas SIN GLUTEN

Si preparas una receta vegetariana o vegana para la que necesitas colorantes alimentarios, fideos de colores y otros elementos que tengas que comprar, comprueba los ingredientes que usa el fabricante y escoge opciones de origen vegetal.

Bienvenidos al LIBRO de COCINA OFICIAL de HARRY POTTER

¡Más de 40 recetas mágicas inspiradas en las películas de Harry Potter!

Prepara tu varita, porque estás a punto de emprender una fascinante aventura culinaria. De hecho, ¡más de una! En este libro de cocina te esperan multitud de recetas deliciosas, como la tarta invertida *Levicorpus*, el colorido huerto primaveral de la profesora Sprout o el estofado sano y bestial de Hagrid.

Todos los platos están inspirados en las películas de Harry Potter. Por ejemplo, la sopa del Sauce Boxeador (páginas 62-63) contiene zarcillos de col y de calabacín que recuerdan a las ramas de este violento árbol y nos trasladan al momento en que el sauce atacó a Harry, a Ron y al Ford Anglia en *Harry Potter y la cámara secreta*. Por su parte, el trago de grindylow (páginas 116-117) es un zumo de frutas con un demonio de agua acechando en el fondo, igual que las peligrosas criaturas que aparecen durante la segunda prueba en *Harry Potter y el cáliz de fuego* (pero no te preocupes, ¡estos grindylows están hechos con peras!).

Cuando hayas elegido el tentempié, plato principal, postre o bebida que te apetezca hacer, asegúrate de que tienes todos los ingredientes y utensilios necesarios (cada receta incluye una lista). Si sigues una dieta vegetariana, vegana o sin gluten, busca los banderines de colores, que indican si la receta es apta para ti. Otro detalle a tener en cuenta son los rayos. Estos símbolos muestran el nivel de dificultad de cada receta, desde principiante (un rayo) hasta intermedio (tres). Si eres demasiado joven para algunas elaboraciones, pídele ayuda a un adulto, sobre todo cuando haya que usar utensilios afilados o manejar objetos a altas temperaturas. En la página siguiente encontrarás consejos útiles para que cocinar sea más seguro.

Ya solo tienes que dejarte inspirar por la mente despierta de Hermione, la gran valentía de Harry y el amor desmesurado por la comida de Ron (especialmente esto último) y estarás listo para empezar.

¡Feliz cocina mágica!

SEGURIDAD EN LA COCINA

Antes de empezar a cocinar, lee estos ocho consejos sobre la seguridad en la cocina. De este modo, te asegurarás de que una vez empieces, todo funcione como por arte de magia.

#1

Lávate las manos con jabón y agua caliente durante al menos 20 segundos. Después sécalas bien con una toalla limpia.

#2

Usa un delantal para proteger la ropa; si tienes el pelo largo, recógetelo. No olvides llevar siempre zapatos o zapatillas, por si se rompiera algo.

#3

Lee toda la receta antes de empezar para asegurarte de que tienes todos los ingredientes y utensilios necesarios.

#4

Mantén limpia y ordenada la zona en la que trabajarás (e intenta que siga así tanto como sea posible mientras cocinas). Esto ayudará a que no se propaguen gérmenes ni bacterias.

#5

Pide ayuda a un adulto cuando uses cuchillos o electrodomésticos, y cuando trabajes con calor (con el horno o los fogones, por ejemplo).

#6

Usa manoplas de cocina cuando utilices el horno. Al cortar, mantén el cuchillo a una distancia prudencial (en la página siguiente encontrarás consejos para usar cuchillos).

#7

Nunca sirvas comida cuando esté muy caliente o no esté cocinada del todo.

#8

Prohibido correr o volar en la cocina.

¡IMPORTANTE!

Si no manipulamos o cocinamos de forma adecuada, la comida puede sentarnos mal. Por eso es importante que laves bien las frutas, verduras y hierbas frescas que vayas a usar, y también que mantengas el pescado y la carne cruda separadas del resto de los alimentos.

Si la receta incluye carne o pescado, usa una tabla de cortar solo para ellos. Si no es posible, friégala después de utilizarla. Y no olvides lavarte las manos al acabar.

CONCEPTOS BÁSICOS
DE COCINA

Las recetas de este libro están creadas y explicadas para que sean fáciles de preparar.
Aun así, aquí te dejamos información adicional para ponértelo aún más sencillo.

～ UTENSILIOS BÁSICOS ～

Una poción debe prepararse con los ingredientes adecuados, y lo mismo sucede en la cocina: todas las recetas requieren unos utensilios concretos. A diferencia del polvo de cuerno de bicornio, sin embargo, los siguientes objetos son muy fáciles de conseguir.

Jarra o vaso medidor

Báscula

Pinzas

Manoplas de horno

Tazas medidoras

Sartén antiadherente

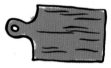
Tabla de cortar

Cucharas medidoras
(tanto para ingredientes secos como líquidos)

Olla

Colador

Pelador

Fuente de horno

Boles de diferentes tamaños

Batidor

Cuchara de madera
(para remover)

VOCABULARIO

¡Aprende los siguientes conceptos y empieza a hablar como un auténtico chef!

BATIR: mezclar ingredientes rápidamente (con cuchara, batidor manual o batidora).

CORTAR EN DADOS: cortar en cuadraditos pequeños.

DESPEPITAR: extraer las semillas o pepitas.

DORAR: cocinar a alta temperatura hasta que la comida cambie de color.

ESCALFAR: hervir en agua a fuego lento o justo por debajo del punto de ebullición.

ESCURRIR: eliminar el líquido de los alimentos con un escurridor o un colador.

HACER PURÉ: triturar, moler o licuar un alimento hasta que quede suave.

HERVIR: calentar un líquido hasta que veas burbujas subiendo a la superficie.

HORNEAR: cocinar un alimento con calor seco.

MARINAR: dejar un alimento en un líquido (salsa, adobo...) para ablandarlo y añadirle sabor.

PELAR: quitar la piel.

PICAR: cortar el alimento en trozos muy pequeños.

RALLAR CÍTRICOS: raspar la capa exterior de cítricos (limón, naranja...).

ROCIAR: verter ligeramente líquido (como una salsa) sobre la comida.

SAZONAR: añadir sal, pimienta u otro condimento a la comida.

CONSEJOS PARA USAR CUCHILLOS

Muchas de las recetas del libro requieren usar un cuchillo. Si eres un cocinero joven o estás aprendiendo, aquí van algunos consejos para hacerlo de forma correcta y segura:

1. Elige un cuchillo que se ajuste cómodamente a tu mano.

2. Pide a un adulto que compruebe si el cuchillo está afilado.

3. Corta y pica siempre sobre una tabla de madera o de plástico. Si la tabla empieza a resbalar, coloca debajo un trapo de cocina húmedo.

4. Sujeta el cuchillo firmemente por el mango con tu mano dominante (normalmente es la misma con la que escribes). ¡Como si sujetaras una varita!

5. Asegúrate de que el lado afilado de la hoja apunta hacia abajo.

6. Agarra el alimento con la otra mano, colocándola como si fuera una garra, y ve apartando las puntas de los dedos a medida que cortas (nada de perder pulgares, ¡por favor!).

7. Corta siempre hacia abajo, presionando con firmeza y lejos de tu cuerpo (no apartes la vista del cuchillo en ningún momento).

8. Limpia el cuchillo nada más terminar y guárdalo para la próxima vez.

TENTEMPIÉS

«Ten, prueba esto. Te ayudará».

PROFESOR LUPIN

Estos deliciosos y variados tentempiés te darán
energía para un buen rato cuando el hambre apriete
(ya sea por la mañana, por la tarde o por la noche).

QUIDDITCHIOS

4 RACIONES · **10 MIN** · **35 MIN**

Estos deliciosos nachos con queso y carne están inspirados en el quidditch... ¡y esconden un secreto mágico! Entre los nachos hay bludgers (albóndigas), quaffles (gambas) y un solo grano de maíz (la snitch dorada). ¿Quién será el afortunado que se lleve la snitch a la boca? Si quieres añadirle un toque mágico, decora el plato con porterías de quidditch; en el consejo a pie de página te explicamos cómo crearlas.

300 g de albóndigas de ternera o de cordero

225 g de gambas o de langostinos rebozados

180 g de tortillas de maíz

1 grano de maíz

1 taza/200 g de salsa de tomate (suave o picante)

Un manojo de cebolleta picada

4 cucharadas de cilantro picado fino

1 ½ taza/180 g de queso cheddar rallado

Guacamole y crema agria

1 Precalienta el horno a 200 °C. Coloca las albóndigas en una fuente para horno y hornéalas durante diez minutos. Añade las gambas a la fuente y hornéalo todo otros 10-15 minutos, o hasta que tanto las albóndigas como las gambas estén bien hechas.

2 Coloca un tercio de los nachos en otra fuente (grande, pero poco profunda). Pon la mitad de las albóndigas, la mitad de las gambas y el grano de maíz sobre los nachos. Usa una cuchara para verter la mitad la salsa y añade la mitad de la cebolleta y del cilantro. Esparce también la mitad del queso. A continuación, añade la mitad de los nachos que te quedan. Pon el resto de las albóndigas y las gambas y vierte la salsa, la cebolleta y el cilantro restante. Añade una última capa de nachos y cúbrela de queso.

3 Hornéalo todo durante 10 minutos o hasta que el queso se haya fundido. Sírvelo con el guacamole y la crema agria como acompañamiento.

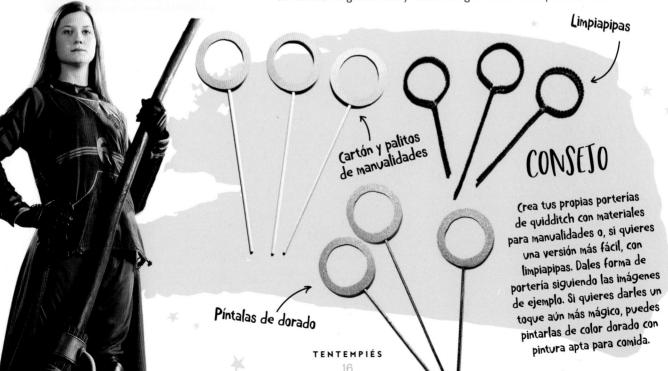

Limpiapipas

Cartón y palitos de manualidades

Píntalas de dorado

CONSEJO

Crea tus propias porterías de quidditch con materiales para manualidades o, si quieres una versión más fácil, con limpiapipas. Dales forma de portería siguiendo las imágenes de ejemplo. Si quieres darles un toque aún más mágico, puedes pintarlas de color dorado con pintura apta para comida.

CAJA DE DULCES DE HOGWARTS

 2 RACIONES **1 HORA** **15 MIN**

Hogwarts es un lugar mágico: hay escaleras que cambian de dirección, retratos de brujas y magos que no dejan de moverse e incluso fantasmas. Una de las cosas que más entusiasma a sus alumnos es su comida. Con esta receta podrás preparar una caja de dulces al estilo de Hogwarts, que contiene un libro de hechizos, una pluma, una recordadora, un espejo de doble sentido como el de Sirius y sándwiches con forma de gato, calabaza y Sombrero Seleccionador.

1 yema de huevo

2 cucharaditas de agua

Colorante alimentario natural marrón

250 g de hojaldre

2 lonchas de queso cheddar

¼ de taza/40 g de pepitas de chocolate con leche (o troceado)

1 cebolleta

2 tomates pequeños

Mantequilla para untar

4 rebanadas de pan blanco o integral

Crema de queso para untar, para el relleno

2 mandarinas o clementinas

2 tallos pequeños de hojas de apio

Un tubo de glaseado plateado

OTROS UTENSILIOS
Cortadores de galletas
Pincel fino
Pincel de repostería

1 Precalienta el horno a 220 °C. Dibuja la pluma en un folio (encontrarás la plantilla en la página 120) y recórtala. Coloca papel de horno en una bandeja. Bate la yema de huevo con dos cucharaditas de agua en un bol pequeño. Pasa un poco a otro bol y bátelo con una pizca de colorante alimentario marrón.

2 Estira un tercio del hojaldre sobre una superficie ligeramente enharinada hasta que tenga un grosor de 3 mm. Coloca la plantilla de la pluma sobre el hojaldre y recórtala con un cuchillo pequeño. Pon la pluma en la bandeja de horno. Haz dos plumas más. Haz pequeños cortes diagonales en las plumas, partiendo del centro y hacia ambos lados. Amasa el hojaldre restante hasta que tenga el mismo grosor, y córtalo por la mitad. Coloca las lonchas de queso sobre una de las mitades y pon la otra encima para formar el sándwich. Córtalo en dos rectángulos de 9 x 7 cm. Ponlos en la bandeja de horno.

3 Pincela el hojaldre con huevo batido (sin colorante). Utiliza el huevo con colorante para resaltar la textura de las plumas, como se muestra en la fotografía. Hornéalo todo 8 minutos o hasta que las plumas estén doradas. Retíralas de la bandeja y hornea los rectángulos otros 5 minutos.

4 Funde el chocolate siguiendo el consejo de debajo. Viértelo en un trozo de papel de horno y extiéndelo en una capa muy fina. Deja que se enfríe hasta que esté sólido.

Continúa en la página 20

CONSEJO

Para fundir chocolate, pon las pepitas de chocolate en un bol resistente al calor, y ponlo en un cazo con agua a fuego lento. También puedes hacerlo en el microondas, a media potencia y en intervalos cortos, removiendo con frecuencia.

Plumas

Book of Spells

Libro de hechizos

5 Corta dos tiras largas y finas de la cebolleta, de no más de 5 mm de ancho. Colócalas en un bol pequeño resistente al calor y añade un poco de agua hirviendo. Déjalas ahí 2 minutos y escúrrelas. Enrolla una tira en cada uno de los tomates, atando las puntas para que no se muevan.

6 Unta mantequilla en el pan y, a continuación, unta la crema de queso y cierra el sándwich. Usa los cortadores de galletas para cortar formas en el pan.

7 Haz un agujero pequeño en la parte superior de las mandarinas o clementinas e introduce un tallo de apio en cada una de ellas.

8 Trocea el chocolate en trozos irregulares para que se parezca al espejo de doble sentido. Traza sobre el chocolate una línea en zigzag usando el glaseado en tubo.

9 Recorta los bordes irregulares de los rectángulos de queso. Usa el pincel fino y el colorante marrón para escribir «Libro de hechizos» (o *Book of Spells*, en inglés) en el hojaldre.

CONSEJO

Los cortadores con forma de calabaza, de gato y de sombrero son ideales para esta receta, pero también puedes usar otros que tengas a mano.

Sombrero Seleccionador

McGonagall (en su forma de gato)

Calabaza

DATO MÁGICO

Junto con la carta de admisión, los estudiantes de primer año de Hogwarts reciben una lista de libros y materiales que necesitarán para el curso escolar. Como sería imposible meterlo todo una caja, llevan un baúl como equipaje (¡la única norma es que deben poder subirlo al tren!).

EL FORD ANGLIA VOLADOR DEL SEÑOR WEASLEY

  10 UNIDADES 45 MIN (MÁS ENFRIAR) 15-20 MIN

Durante su estancia en Hogwarts, Harry y Ron viven incontables aventuras. Algunas son trepidantes y otras aterradoras... ¡como cuando volaron con el Ford Anglia del señor Weasley hasta la escuela y acabaron chocando contra el nada simpático Sauce Boxeador! ¡Pobre coche! Seguro que no necesitarás un mando de invisibilidad para hacer desaparecer estas delicias de queso. Sírvelas solas o como parte de un picoteo.

1 ½ taza/190 g de harina común

85 g de mantequilla en dados

1 cucharadita de chile suave en polvo

½ taza/60 g de queso parmesano rallado fino

1 yema de huevo grande

1 cucharada de agua fría

PARA DECORAR

4 cucharadas de crema de queso suave

Un puñado de rábanos

Un puñado de uvas rojas

OTROS UTENSILIOS

10 palitos de madera para helados

Manga pastelera pequeña

Procesador de alimentos

1 Precalienta el horno a 190 °C. Cubre dos bandejas con papel de horno. Ve a la página 120 y calca y corta la plantilla del coche.

2 Pon la harina, la mantequilla y el chile en polvo en el procesador de alimentos y mézclalo hasta que parezca pan rallado. Añade el queso, la yema de huevo y una cucharada de agua fría, y mezcla hasta obtener una masa.

3 Vuelca la masa sobre una superficie ligeramente enharinada y extiéndela con un rodillo hasta que tenga unos 5 mm de grosor. Coloca la plantilla sobre la masa y corta la forma del coche usando un cuchillo pequeño. Ve colocando cada coche que extraigas de la masa en la bandeja de horno. Haz tantos como puedas.

Continúa en la página 24

CONSEJO
Pide ayuda a un adulto cuando recortes los coches.

4 Une los pedazos de masa sobrantes y vuelve a estirarla con el rodillo para seguir haciendo coches.

5 Introduce un palo de madera en la base de cada coche con cuidado, presionando suavemente la masa sobre el palo para fijarlo bien. Al hacerlo, mantén los palos tan horizontales como puedas. Hornea los coches durante 15-20 minutos o hasta que empiecen a dorarse. Deja que se enfríen sobre el papel.

6 Vierte la crema de queso en la manga pastelera y haz un corte pequeño (o usa una boquilla pequeña) para que el queso salga en una línea delgada. Úsala para dibujar las puertas, las ventanas y los faros de los coches. Corta rodajas finas de rábano y úsalas junto con las uvas para crear las ruedas; pega las partes y después fíjalas al coche usando un poco de crema de queso.

PRESENTACIÓN

★ ★ ★

Coloca medio limón o media calabaza sobre un plato o una tabla (con el lado cortado bocabajo). Usa un cuchillo pequeño para hacer algunos cortes en su superficie. Con cuidado, introduce los palos de madera hasta el fondo de los cortes. De este modo, los coches quedarán bien sujetos.

DATO MÁGICO

Durante el rodaje de las películas de Harry Potter se usaron dieciséis Ford Anglias diferentes, adaptados según las necesidades y el uso previsto en cada escena. ¡Incluso llegaron a cortar alguno por la mitad para escenas de interior!

PASSSTAS DE QUESSSO PÁRSSSEL

 10 UNIDADES 40 MIN 30 MIN

Muy pocos magos y brujas saben hablar pársel, la lengua de las serpientes. Harry descubre que tiene este «don» cuando, sin darse cuenta, ayuda a una boa constrictora a escapar del zoo, y, más tarde, oye los peligrosos y oscuros susurros del basilisco en Hogwarts. ¡Uff! Ahora tú también podrás aprender una nueva técnica: ¡cómo cocinar estas deliciosssas miniserpientes! La masa choux es suave y ligera y se infla al hornearse... ¡El resultado es essspectacular!

PARA LA MASA

½ taza/65 g de harina común, más 1 cucharada

55 g de mantequilla sin sal

⅔ de taza/150 ml de agua

2 huevos grandes

½ taza/60 g de queso curado rallado fino

1 pimiento verde

PARA EL ACABADO

½ pimiento rojo

Un puñado de pasas

OTROS UTENSILIOS

Manga pastelera grande

Boquilla plana de 1 cm

1   Precalienta el horno a 200 °C. Cubre una bandeja grande con papel de horno. Tamiza toda la harina sobre un cuadrado de papel de horno.

2   Pon la mantequilla en un cazo con 150 ml de agua y caliéntala a fuego lento hasta que se derrita. Llévalo a ebullición y añádele la harina del papel de horno. Retira la mezcla del fuego y remueve con una cuchara de madera hasta obtener una masa espesa. Déjala enfriar 5 minutos.

3   Bate los huevos y vierte una pequeña parte sobre la masa. Bate la masa hasta que quede homogénea. Ve añadiendo el huevo poco a poco, sin dejar de batir, hasta que la masa quede espesa y brillante. Añade el queso y mézclalo.

4   Pon la masa en la manga pastelera con la boquilla de 1 cm. Haz un churrito de pasta con forma de serpiente sobre la bandeja, de unos 12-15 cm de largo. Haz otras nueve formas iguales (o tantas como puedas con la masa que tengas) dejando un poco de espacio entre ellas.

5   Corta tiras de pimiento verde de 1 cm de ancho. Córtalas creando pequeños triángulos. Colócalos con cuidado sobre las serpientes de forma que simulen sus escamas. Hornéalo durante 20-25 minutos, o hasta que suban y estén bien doradas.

6   Mientras se hornea, corta tiras muy finas de pimiento rojo, de unos 3 cm de largo, para crear las lenguas. Recorta las puntas para que queden bífidas.

7   Cuando las pastas estén listas, sácalas del horno y deja que se enfríen. Usa la punta de un cuchillo para hacer pequeños cortes en los que introducir las lenguas. Corta las pasas en trozos pequeños y úsalos para añadir los ojos.

CONSEJO

★☆★

A medida que vayas ganando
práctica con la manga pastelera,
intenta ejercer más presión al
principio, para que la cabeza
quede más grande, e ir
soltando hasta llegar
a la cola.

CÁLIZ DE SALSA DE FUEGO

🍴 **4 RACIONES**　　🕐 **30 MIN**　　🔥 **30 MIN**

Todos se quedaron atónitos cuando el cáliz de fuego escupió el nombre de Harry Potter en la cuarta película. Pero las reglas son las reglas, incluso en el mundo mágico, y el joven de Gryffindor tuvo que enfrentarse a unas pruebas que pondrían los pelos de punta a cualquiera. Esta ardiente y deliciosa salsa también te dejará boquiabierto. ¡Dale el toque definitivo añadiendo tu nombre, o el de quien quieras, en las lonchas de queso!

PARA LA SALSA

2 cucharadas de aceite de oliva

1 cebolla grande cortada

1 chile rojo cortado

2 botes (800 g en total) de tomate triturado

1 cucharada de azúcar moreno

4 cucharadas de pesto de tomates secos

3 cucharadas de cilantro picado

PARA EL ACABADO

4 lonchas de mozzarella

Colorante alimentario natural marrón

175-200 g de nachos, normales y de maíz azul

OTROS UTENSILIOS

Pincel fino

1　Calienta el aceite en una sartén grande y fríe la cebolla a fuego lento durante 5 minutos. Añade el chile, los tomates y el azúcar moreno. Mantenlo a fuego lento otros 25 minutos, hasta que la mezcla quede espesa y melosa. Añade el pesto y el cilantro, y retíralo del fuego.

2　Rompe o recorta las lonchas de queso de modo que se parezcan a los papeles chamuscados que escupe el cáliz de fuego con los cuatro nombres (véase DATO MÁGICO en la parte inferior). Usa el colorante marrón y el pincel fino para escribir los nombres sobre el queso y para pintar los bordes de cada loncha y que parezca que acaban de salir del fuego.

3　Puedes recalentar la salsa de chile antes de servirla (¡está muy rica tanto fría como caliente!). Pásala a un recipiente pequeño y hondo. Sírvela rodeada de nachos y lonchas de queso.

CONSEJO

El chile contiene una sustancia llamada capsaicina que, en ocasiones, puede provocar una sensación de quemazón en las manos después de tocarlo. Para evitarlo, te aconsejamos que uses guantes quirúrgicos o de goma.

DATO MÁGICO

Los cuatro seleccionados para el Torneo de los Tres Magos fueron:

★ CEDRIC DIGGORY
★ VIKTOR KRUM
★ FLEUR DELACOUR
★ HARRY POTTER

RAYITOS DE QUESO

 24 UNIDADES 40 MIN 12-15 MIN

Estos bocaditos salados tienen la forma de la famosa cicatriz de Harry Potter, el único daño que le causó Lord Voldemort al tratar de matarlo. Están rellenos de queso y son ideales en cualquier momento del día: como acompañamiento en la comida o la cena, para merendar o incluso si necesitas picar algo mientras haces los deberes. Porque suponemos que no querrás llevarte mal con el profesor Snape, ¿verdad?

1 ½ taza/190 g de harina común

Un pellizco generoso de sal

110 g de mantequilla sin sal, en dados

¾ de taza/90 g de queso cheddar rallado fino

1 yema de huevo grande

1 cucharadita de chile suave en polvo

Huevo batido para glasear

1 Precalienta el horno a 190 °C. Cubre una bandeja de horno grande con papel de horno. Pon la harina, la sal y la mantequilla en un bol, y mézclalo todo hasta que adquiera la consistencia de pan rallado. Añade el queso y la yema de huevo y remueve con un cuchillo de punta redonda hasta que la masa esté firme. Dale forma de cuadrado y alisa su superficie.

2 Vuelca la masa sobre una superficie ligeramente enharinada y estírala hasta que el cuadrado tenga algo más de 23 cm. Recorta los bordes para dejarlos rectos. Corta cuatro tiras del mismo tamaño y después haz cortes perpendiculares, a una distancia de unos 4 cm, para crear 24 rectángulos (véase CONSEJO). Corta cada réctangulo por la mitad diagonalmente.

3 Para dar forma a cada rayo, coge las dos mitades de un rectángulo y colócalas en la bandeja de modo que las puntas miren cada una a un lado y los lados largos se toquen. Presiona cada parte contra la otra con firmeza; así evitarás que se separen tras el horneado. Repite el proceso con el resto de rectángulos.

4 Pinta los rayos con el huevo batido y espolvoréalos con un poco de chile. Hornea durante 12-15 minutos hasta que queden ligeramente dorados. Déjalos enfriar en la bandeja.

CONSEJO

Fíjate en este diagrama; te muestra cómo cortar y colocar la masa para montar los rayos.

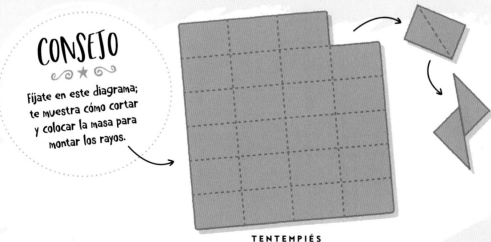

CONSEJO
★

Si vas a preparar esta receta con antelación, pon las ramas de eneldo justo antes de servirlo para que no se marchiten.

HUERTO PRIMAVERAL DE LA PROFESORA SPROUT

4-6 RACIONES · **30 MIN**

Crea tu propia (y deliciosa) versión del aula del Invernadero 3, donde Harry y sus compañeros acuden a las siempre entretenidas clases de Herbología de la profesora Pomona Sprout. Montado en un plato cuadrado o sobre una tabla lisa, este saludable y colorido plato es una manera estupenda de disfrutar comiendo verduras. Y no te preocupes, ¡no hemos incluido mandrágoras gritonas!

---

2 latas (200 g cada una) de atún, escurrido

½ taza/120 g de mayonesa

2 cucharadas de eneldo picado (opcional)

1 ½ tazas/140 g de pan integral o de centeno rallados

PARA EL ACABADO

5 cebolletas

5-6 zanahorias *baby*

Varias ramas de eneldo fresco

1 brócoli grande

1 coliflor grande

6-8 champiñones

OTROS UTENSILIOS

Brocheta pequeña de metal

1 Pon el atún, la mayonesa y el eneldo (en caso de usarlo) en un bol y remueve hasta que quede bien mezclado. Vuelca la mezcla en un plato llano o una tabla y extiéndela uniformemente en un rectángulo de 25 x 20 cm, o hasta cubrir todo el plato o tabla. Esparce el pan rallado por encima.

2 Retira las raíces de las cebolletas y después corta los tallos para que tengan unos 6 cm de largo. Usa la punta de un cuchillo afilado para hacer pequeños cortes de 2,5 cm en los extremos delgados. Ponlas en un bol con agua helada.

3 Corta una rodaja pequeña de la punta más estrecha de las zanahorias para que se sostengan de pie. Hazles un agujero en la parte superior con una brocheta. Introduce una rama de eneldo en cada agujero. Coloca las zanahorias en fila en el plato.

4 Parte o corta el brócoli y la coliflor en trozos más pequeños. Escurre las cebolletas. Coloca las verduras y los champiñones en filas junto a las zanahorias.

DATO MÁGICO

La profesora Sprout fue interpretada por Miriam Margolyes, quien más tarde interpretaría a otra bruja en el musical teatral *Wicked*.

CONSEJO

✦ ⭐ ✦

¿No sabes junto a qué servir estos encurtidos? ¡No te compliques la vida! Sírvelos con tu queso favorito y un poco de pan crujiente. Si te apetece probar algo más atrevido, también puedes añadirlos a tus hamburguesas, filetes de salmón o incluso ensaladas.

LA CURIOSA COCINA DEL CALLEJÓN KNOCKTURN

🍴 **6 RACIONES** 🕐 **30 MIN** 🍳 **5 MIN**

Situado justo al doblar una de las esquinas del callejón Diagon, el callejón Knockturn es un lugar lúgubre frecuentado por magos tenebrosos. Allí puedes encontrar todo tipo de artículos siniestros, como repelente de babosas carnívoras y collares malditos. Pero estas judías encurtidas dulces, aunque parezcan algo que podrías ver en el escaparate de Borgin & Burkes, en realidad están irresistiblemente buenas.

V **VG** **SG**

- 2 cucharadas de granos de mostaza amarilla o negra
- 500 g de judías verdes con las puntas cortadas
- Un manojo de ramas de eneldo
- 2 tazas/500 ml de vinagre blanco
- ¾ de taza/150 g de azúcar granulado
- ½ taza/120 ml de agua

OTROS UTENSILIOS

2 tarros de conserva con tapa de rosca o cierre hermético, cada uno con capacidad para 2 ½ tazas/600 ml

1 Pon los granos de mostaza en un cazo pequeño y caliéntalo hasta que los granos empiecen a saltar. Deja que se enfríen.

2 Mete las judías y las ramas de eneldo en los tarros de conserva. Asegúrate de que el eneldo quede cerca de las paredes del tarro para que se vea bien. Esto te será más fácil si colocas el tarro hacia un lado con un paño debajo para que no resbale. Añade también los granos de mostaza.

3 Pon el vinagre, el azúcar y 120 ml de agua en el cazo y caliéntalo a fuego lento hasta que el azúcar se disuelva. Viértelo en los tarros hasta que las judías queden cubiertas. Cierra bien los tarros y guárdalos en la nevera durante al menos 24 horas. Se mantendrán un mes en buen estado.

¡PRUEBA ESTO!

Si te atrae la idea de los encurtidos dulces, tienes que probar esto:

PEPINO ENCURTIDO

Usa la misma receta, pero rellenando los tarros con rodajas de pepino en vez de judías. También puedes añadir rodajas finas de cebolla morada para darle más sabor y hacer que los tarros sean incluso más atractivos.

¿SABÍAS QUE...?

¡También puedes encurtir huevos duros!

PALOMITAS DE INVIERNO DE HOGSMEADE

 6 RACIONES 10 MIN 10 MIN

Si te gusta la Navidad, Hogsmeade es ideal para ti. Es el único pueblo de Gran Bretaña completamente mágico. En sus tiendas y tabernas, cubiertas con nieve durante el invierno, puedes encontrar todo tipo de comida caliente, como la famosa cerveza de mantequilla. Estas palomitas con un toque especial conseguirán que te inunde el espíritu festivo, especialmente si te las comes mientras ves tu película navideña favorita. ¡Y, además, las tendrás listas en pocos minutos!

SG

3 lonchas finas de beicon troceado

½ taza/60 g de queso rallado fino o queso parmesano

1 cucharada de aceite vegetal

¼ de taza/50 g de maíz para palomitas

Una pizca generosa de pimienta negra (opcional)

OTROS UTENSILIOS
Bolsa de papel o de plástico para comida

1 Cocina el beicon en una sartén (sin aceite) unos 8 minutos, hasta que quede bien crujiente. Deja que se enfríe. Pásalo a la bolsa de papel o de plástico y machácalo con un rodillo para desmenuzarlo. Mézclalo con el queso.

2 Calienta el aceite brevemente en una olla o en un cazo grande. Echa el maíz, cúbrelo con una tapa y agita la olla para que los granos se impregnen bien de aceite. Déjalo en el fuego hasta que el maíz comience a estallar.

3 Cuando el maíz ya casi no estalle, retira la olla o el cazo del fuego y espera 2 minutos o hasta que dejen de estallar por completo. Espolvorea las palomitas con el beicon y el queso, y si te apetece, también con pimienta. Agítalo todo ligeramente para que quede bien repartido y sírvelo.

¡PRUEBA MÁS SABORES MÁGICOS!

★ Usa distintos tipos de queso, como halloumi rallado, queso Gruyère o feta desmenuzado.

V Para una versión vegetariana, sustituye el beicon por un puñado de hierbas picadas (cebollino, cilantro, tomillo...).

★ Rocíalas con chocolate con leche o chocolate blanco fundido.

★ Añádeles solo sal o azúcar.

DATO MÁGICO
El Pasadizo de la bruja tuerta es uno de los siete túneles secretos que conecta Hogwarts con el exterior. Este en concreto es bastante práctico, pues conduce directamente al sótano de la tienda de caramelos Honeydukes, en Hogsmeade.

CRÍAS DE ARAGOG

Incluso los chefs más pequeños de la casa pueden divertirse montando estos bollitos arácnidos. Están inspirados en las muchas (y hambrientas) crías de Aragog, la gigantesca acromántula de ocho patas que vive en el Bosque Prohibido y que ve a todos los humanos, excepto a Hagrid, como posibles presas. Estas deliciosas arañas, rellenas y con pasas para darles un toque afrutado, te dejarán con la boca abierta.

PARA LA MASA

2 tazas/250 g de harina de trigo

4 cucharadas de queso parmesano rallado fino

1 cucharadita de levadura seca activa

½ cucharadita de sal

2 cucharadas de tomate concentrado

2 cucharadas de aceite de oliva

½ taza/120 ml de agua

PARA EL ACABADO

1 zanahoria

Un puñado pequeño de pasas

1 bolsa de palitos de *pretzel* o de pan salado

DATO MÁGICO

Daniel Radcliffe, el actor que interpretó a Harry Potter, admitió que la primera vez que vio el modelo a escala real de Aragog sintió un «profundo terror». Es comprensible; la mascota de Hagrid es tan grande como un elefante, y cada una de sus ocho patas mide casi 6 metros de largo.

1 Para hacer la masa, pon la harina, el parmesano, la levadura, la sal, el tomate concentrado y el aceite en un bol. Añade 120 ml de agua tibia y mézclalo bien con un cuchillo de punta redonda, hasta que se convierta en una masa uniforme (si queda demasiado seca y se rompe, añade más agua). Vuélcala sobre una superficie enharinada y amásala unos 10 minutos, hasta que quede homogénea y elástica. Colócala en un bol con un poco de aceite, cúbrela con *film* transparente y déjala reposar en un lugar cálido durante una hora, o hasta que la masa doble su tamaño.

2 Cubre una bandeja con papel de horno. Golpea la masa para desinflarla y ponla sobre una superficie enharinada. Divídela en seis partes iguales.

3 Precalienta el horno a 200 °C. Coge una de las porciones y córtale un tercio de la masa. Haz una bolita con cada porción y colócalas en la bandeja de horno. La bolita más pequeña será la cabeza de la araña, así que pégala al cuerpo. Repite el proceso con las otras cinco porciones de la masa. Cúbrelas sin presionar con *film* transparente y déjalas reposar durante 20 minutos.

4 Retira el *film* e introduce la bandeja en el horno. Hornea durante 10-12 minutos, hasta que la masa suba. Las bolitas deberían sonar huecas al golpearlas por debajo. Ponlas en una rejilla para que se enfríen.

5 Corta la zanahoria de arriba abajo en trozos finos. Talla los extremos para que sean puntiagudos y parezcan pequeños colmillos. Corta los palitos de *pretzel* (o de pan salado) en trozos del mismo tamaño, unos 6 cm de largo. Rómpelos si es necesario.

6 Usando la punta de un cuchillo, haz un par de cortes pequeños en la parte delantera de las arañas e introduce una pasa en cada uno para crear los ojos. Haz dos cortes más e introduce los colmillos de zanahoria. Por último, haz cuatro cortes más en cada lado e introduce los palitos de pan. Repite el proceso con el resto de arañas.

ESPADAS BROCHETA DE SIR CADOGAN

 4 UNIDADES **20 MIN** **6-8 MIN**

Estas riquísimas brochetas de fruta están inspiradas en la espada de Sir Cadogan, el ridículamente valiente caballero y mago que reside en un retrato en el séptimo piso, cerca del aula de Adivinación de Hogwarts (eso cuando no está protegiendo la sala común de Gryffindor o en alguna de sus locas aventuras). Son originales, coloridas y fáciles de preparar, y pueden comerse solas o acompañadas de un helado de vainilla.

 V **SG**

1 rodaja gruesa de una piña grande

2 kiwis

½ mango

1 plátano

4 uvas verdes grandes

4 uvas negras o rojas pequeñas

4 fresas grandes y 4 fresas pequeñas

3-4 cucharadas de salsa de caramelo sin gluten

OTROS UTENSILIOS

4 brochetas (de madera o de metal)

Pincel de repostería

Plancha o parrilla, opcional

1 Corta cuatro rectángulos de 6 x 1 cm de piña y ensártalos en las brochetas hasta que queden a unos 7,5 cm del extremo. Corta cuatro dados gordetes de kiwi y de mango y cuatro rodajas gruesas de plátano.

2 Ensarta toda la fruta en las brochetas. Empieza con las más anchas, como la piña, y termina con las pequeñas, como las uvas y las fresas de menor tamaño.

3 Pon la salsa de caramelo en un bol pequeño y ablándala en el microondas unos segundos. Coloca las brochetas en una bandeja de horno forrada con papel de aluminio y precalienta la parrilla. También puedes hacerlo usando una plancha.

4 Pinta las brochetas con la mitad de la salsa de caramelo usando un pincel de repostería. Ásalas durante 6-8 minutos, dándoles la vuelta una vez y pintando la otra cara con el resto de la salsa.

«¿Qué villanos sois que traspasáis mis tierras? ¿Quién osa desafiar a Sir Cadogan?»

—SIR CADOGAN
Harry Potter y el prisionero de Azkaban

CONSEJO
❦ ★ ★ ❦

Una sartén tipo *grill* es ideal para dar a los ingredientes un acabado tostado digno de profesionales. Lo ideal es que la sartén esté muy caliente antes de añadir las brochetas.

SNITCHES DORADAS DE CACAHUETE

🍽 12 UNIDADES 🕐 30 MIN ▭ 3-5 MIN

Conecta con el buscador que llevas dentro y atrapa la snitch dorada una y otra vez con esta receta. Probablemente no tengas una Nimbus 2000 ni una Saeta de fuego, pero un tenedor o tus dedos servirán. Estas pelotas están hechas con cacahuete y tienen un toque de chile y unas deliciosas alas de pan tostado. Están tan ricas que vas a gritar con la misma emoción con que los estudiantes de Gryffindor animan a Harry cuando está persiguiendo la snitch.

∨

- ½ taza/150 g de crema de cacahuete crujiente
- ½ taza/30 g de migas de pan fresco
- 2 cucharadas de cilantro picado
- 1 chile rojo suave picado fino
- 2 cucharaditas de azúcar moreno
- 4-6 rebanadas finas de pan blanco

PARA SERVIR

Salsa de chile dulce

OTROS UTENSILIOS

Brocheta de metal fina o mondadientes

1 Pon la crema de cacahuete, las migas de pan, el cilantro, el chile y el azúcar en un bol y mézclalo bien hasta que obtengas una masa espesa y homogénea. Puedes hacerlo con el reverso de una cuchara de madera o con las manos. Coloca la masa sobre una superficie y dale forma de tronco, compacto y alargado. Córtala en 12 trozos de la misma medida. Haz una bolita compacta con cada trozo usando las palmas de las manos.

2 Dibuja y recorta las alas usando las plantillas de la página 120. Con un rodillo, aplasta tanto como puedas una rebanada de pan. Coloca las plantillas sobre el pan y recorta las alas usando tijeras de cocina. Haz pequeños cortes en uno de los lados, como se muestra en la página de las plantillas. Repite el proceso hasta tener 23 alas más. Precalienta el horno o la parrilla a temperatura alta. Coloca las alas de pan en la bandeja o rejilla y tuéstalas ligeramente por ambos lados. No te despistes, porque pueden quemarse rápidamente.

3 Usa una brocheta fina de metal o un palillo para hacer dos agujeros en las bolas de cacahuete e introduce con cuidado las puntas de las alas de pan. Sírvelas en una bandeja o una tabla junto a un bol con la salsa de chile.

DATO MÁGICO

En *Harry Potter y la piedra filosofal*, Harry se convierte en el jugador más joven del último siglo en formar parte del equipo de quidditch de una de las casas de Hogwarts. Más adelante descubrimos que el padre Harry también fue buscador.

PLATOS PRINCIPALES

«En los viejos tiempos, solía celebrar, ocasionalmente, cenas solo para alumnos selectos. ¿Te apuntarías?».

PROFESOR SLUGHORN

¿Buscando inspiración para tus comidas o tus cenas? Este apartado está repleto de recetas que te harán la boca agua, desde copiosos estofados hasta huevos escoceses vegetarianos.

UN PASTEL DIGNO DE LOS WEASLEY

 8 RACIONES 1-1 ½ HORA, MÁS ENFRIAR UNAS 2 HORAS

Los miembros de la familia Weasley adoran comer casi tanto como se adoran los unos a los otros. Este riquísimo pastel de carne y verduras sería un éxito rotundo en La Madriguera. No solo es lo suficientemente grande para alimentar a una familia de siete (nueve, si Charlie y Bill están de visita), también tiene un sabor increíble. ¡Y, además, se puede preparar con antelación! Solo que tendrás que meterla un ratito en el horno antes de servirla.

PARA EL RELLENO

4 tazas/1 kg de pechuga o muslo de pavo, o un mezcla de ambos, cortado a dados

Una buena pizca de sal

Una buena pizca de pimienta negra

55 g de mantequilla

3 cebollas picadas

3 zanahorias grandes en dados

4 cucharadas de harina común

2 ½ tazas/600 ml de caldo de pollo

1 taza/150 g de tacos de jamón

¾ de taza/75 g de arándanos secos

2 cucharaditas de tomillo seco

Un puñado de perejil picado

PARA EL ACABADO

1 kg de hojaldre

Huevo batido, para glasear

OTROS UTENSILIOS

Fuente grande para tartas y pasteles

Alubias secas o alubias para hornear (véase CONSEJO)

1   Para preparar el relleno, pon el pavo en un bol y sazónalo con sal y pimienta. Puedes usar las manos o una cuchara de madera. Funde la mitad de la mantequilla en una olla y fríe la mitad de la carne durante 5 minutos, hasta que adquiera un tono marrón. Sácala y déjala en un plato, añade el resto del pavo y fríelo hasta que quede igual. Añádelo al plato.

2   Funde el resto de la mantequilla y fríe las cebollas y las zanahorias durante 5 minutos. Vuelve a poner el pavo en la olla y espolvoréalo con un poco de harina. Déjalo 3 minutos en el fuego, removiendo con una cuchara de madera. Añade el caldo, el jamón, los arándanos, el tomillo y el perejil y espera a que hierva. Ponle la tapa a la olla y déjalo a fuego lento 30 minutos. Por último, deja que se enfríe.

3   Precalienta el horno a 200 °C. Extiende la mitad del hojaldre en una superficie enharinada y estíralo con un rodillo hasta que tenga el tamaño suficiente para cubrir la fuente y que sobresalga por los bordes sin tener que tensarlo demasiado. Colócalo en la fuente y recorta la masa sobrante con unas tijeras de cocina. No es necesario que quede perfecto; ¡piensa en lo ocupada que está la señora Weasley! Guarda los recortes.

4   Pincha la base del hojaldre unas veinte veces con un tenedor. Coloca encima papel de horno y añade las alubias secas. Esto evitará que el hojaldre suba y se separe de la fuente. Hornéalo durante 25 minutos. Sácalo del horno, retira las alubias y el papel, y vuelve a colocar la fuente en el horno otros 5 minutos.

Continúa en la página 48

CONSEJO

Las alubias para hornear son pequeñas alubias de cerámica conductoras de calor que pueden comprarse en tiendas de cocina. También puedes usar alubias secas, ya sean blancas o rojas, e incluso garbanzos; lo importante es que tengas en cuenta que, si las usas para hornear, luego no son comestibles. Eso sí, puedes almacenarlas, correctamente etiquetadas para evitar confusiones, y volver a usarlas la próxima vez que hagas un pastel.

¿SABÍAS QUE...?

La técnica de usar legumbres al hornear una masa es conocida como «hornear en blanco» u «hornear a ciegas». Se utiliza en recetas en que es necesario hornear la base antes de añadirle el relleno, para asegurar un horneado uniforme. También se usa cuando no hace falta cocinar el relleno.

5 Cuando hayas sacado la fuente del horno, vierte el relleno sobre la base con una cuchara. Pinta los laterales del hojaldre con huevo batido. Guarda un cuarto del hojaldre sobrante, y estira el resto con el rodillo hasta que sea suficientemente grande para cubrir el pastel. Colócalo sobre el relleno y presiona todo el borde con los dedos para sellarlo a la base. Recorta el sobrante que haya podido quedar con las tijeras de cocina y pinta el hojaldre con más huevo batido.

6 Crea letras para decorar el pastel con los recortes y el hojaldre sobrante (puedes escribir «PIE», como en la imagen, que significa «pastel» en inglés, o lo que tú quieras). Haz cruces por la superficie del hojaldre con la punta de un cuchillo. Decora el borde con cuadrados y rectángulos de hojaldre. Píntalo todo con huevo batido. Hornea 45 minutos, hasta que adquiera un tono dorado oscuro.

«¡Harry! Gracias al cielo que estás bien. Qué paliducho... Me temo que la cena tendrá que esperar hasta después de la reunión. Ya te explicaré. Derechito arriba, primera planta a la izquierda...».

—Señora Weasley
Harry Potter y la Orden del Fénix

LINGOTES BRILLANTES DE GRINGOTTS

 4 RACIONES 🕐 **20 MIN** 🔥 **5-10 MIN**

Gringotts, el único banco mágico de Gran Bretaña, está protegido por conjuros, hechizos e incluso dragones. «No hay lugar más seguro, ni uno, excepto Hogwarts», le dice Hagrid a Harry en *Harry Potter y la piedra filosofal*. Necesitarás el mismo nivel de protección para mantener alejada a tu familia y a tus amigos de estas deliciosas varitas de pescado. Sírvelas con la salsa dorada dulce y ácida para darles aún más sabor.

PARA LA SALSA

1 cucharadita de cúrcuma en polvo

1 cucharada de agua hirviendo

¼ de taza/60 g de mayonesa

¼ de taza/60 g de yogur griego

2 cebolletas picadas

1 cucharada de *chutney* de mango

PARA EL PESCADO

450 g de filete de bacalao o abadejo sin piel

2 cucharadas de harina común

1 huevo batido

1 taza/100 g de pan rallado

Un poco de aceite vegetal para freír

1 Mezcla la cúrcuma con una cucharada de agua hirviendo en un bol pequeño. Añade la mayonesa, el yogur, la cebolleta y el *chutney* de mango, y remueve. Reserva.

2 Corta el pescado en trozos de 1 cm de ancho. Intenta que queden tan uniformes como te sea posible. Echa la harina en un plato o una bandeja y salpiméntala. Bate el huevo en un plato hondo y pon el pan rallado en uno llano.

3 Enharina el pescado ligeramente. Coge varios trozos de pescado y báñalos en el huevo batido hasta que queden totalmente empapados. Ponlos en el pan rallado y rebózalos. Repite el proceso con el resto del pescado.

4 Calienta un poco de aceite en una sartén y fríe la mitad de las varitas durante 1-2 minutos por cada lado, hasta que queden doradas. Cuando estén listas, ponlas en un plato cubierto con papel de cocina, para que absorban el aceite. Repite con el resto de varitas. Apílalas en otro plato, imitando una montaña de lingotes de oro, y sírvelas con la salsa.

¿TENTEMPIÉ O CENA?

Estas sabrosas varitas pueden servirse tal cual como picoteo. Si quieres convertirlas en un plato completo, puedes acompañarlas con patatas fritas y una ensalada verde.

DATO MÁGICO

El espléndido vestíbulo del banco de Gringotts fue diseñado no solo para impresionar, también para que los duendes que trabajan allí parezcan más pequeños rodeados de altísimos mostradores y enormes columnas de mármol.

BANQUETE DE BIENVENIDA

  6 RACIONES 1-1 ½ HORA, MÁS FERMENTAR   50 MIN

Harry Potter no da crédito a lo que ve durante su primer banquete de inicio de curso. Las mesas del Gran Comedor se llenan de comida por arte de magia: bandejas rebosantes de muslitos de pollo, patatas y verduras, los postres más deliciosos y originales imaginables... Con esta receta aprenderás a preparar una bandeja con base de pizza digna de Hogwarts. Eso sí, recomiéndales a tus invitados que acudan a la cita con hambre.

PARA LA BASE DE LA PIZZA

4 tazas/500 g de harina blanca común

2 cucharaditas de levadura seca activa

1 ½ cucharadita de sal

3 cucharadas de aceite de oliva

1 ⅓ taza/340 ml de agua tibia

PARA EL ACABADO

¾ de taza/175 g de salsa de tomate o salsa para pizza

12 lonchas de mozzarella

1 cucharada de miel

2 cucharaditas de mostaza en grano

6 muslitos de pollo

1 ½ taza/275 g de salchichas de cóctel

2 tazas/200 g de patatas fritas congeladas

6 chuletas de cordero

1 taza/125 g de guisantes

6 mazorcas de maíz pequeñas

6 sombreritos de papel (véase CONSEJO)

1. Para preparar la masa de pizza, pon la harina, la levadura, la sal y el aceite en un bol. Añade 300 ml de agua tibia y mézclalo bien con un cuchillo de punta redonda hasta que sea una masa uniforme. Si ha quedado demasiado seca o se desmenuza, añade un poco más de agua. Ponla sobre una superficie enharinada y amásala hasta que quede homogénea y elástica. Ponla en un bol con aceite, cúbrela con *film* transparente y déjala reposar en un lugar cálido durante 1 hora o hasta que la masa haya doblado su tamaño.

2. Precalienta el horno a 220 °C. Presiona la masa para desinflarla y ponla sobre una superficie enharinada. Estírala hasta formar un rectángulo de 40 x 30 cm. Pásala a una bandeja de horno grande y enharinada; extiéndela bien, asegurándote de que mantenga la forma. Cúbrela con la salsa de tomate o de pizza casi hasta los bordes y añade las lonchas de queso encima. Déjala en un lugar cálido mientras preparas el resto de ingredientes.

3. Mezcla la miel y la mostaza y espárcelas sobre los muslos de pollo. Ponlos en una fuente de horno grande y hornea en los raíles más altos del horno durante 20 minutos. Añade las salchichas y las patatas y vuelve a meterlo en el horno otros 30 minutos. Mete también la bandeja con la pizza en los raíles inferiores y hornea 25-30 minutos, hasta que suba y quede dorada.

4. Cuando al temporizador le queden unos 10 minutos, calienta una sartén y fríe las chuletas de cordero durante 4 minutos por cada lado. Hierve agua en una olla y cuece el maíz durante 5 minutos. Añade los guisantes y déjalo en el fuego otro minuto. Después escúrrelos con un colador. Clava brochetas o mondadientes en los extremos de las mazorcas.

5. Pasa la pizza a una bandeja, un plato o una tabla grande y coloca encima, en filas, el maíz, las patatas, el cordero, el pollo, los guisantes y las salchichas. Antes de servir, decora las chuletas de cordero con los sombreros de papel.

CONSEJO

En lugar de comprar los sombreros de papel, ¿por qué no hacerlos en casa? Para cada sombrero, corta un rectángulo de 7,5 x 6 cm de papel blanco y dóblalo por la mitad longitudinalmente. Usa las tijeras para hacer cortes pequeños y juntos desde el borde doblado hacia el borde abierto. Ábrelo y dóblalo en sentido contrario, y enróllalo para que los extremos se unan. Usa cinta adhesiva para mantenerlo cerrado.

PLATOS

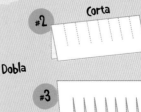

Corta

Dobla

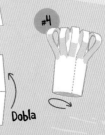

¿SABÍAS QUÉ...?

Puedes hacer tus propias salchichas de cóctel usando las de medida estándar. Con el pulgar y el índice, aprieta por la mitad de la salchicha. A continuación, gira cada una de las mitades en direcciones opuestas para crear así dos minisalchichas. Por último, sepáralas cortando con las tijeras.

KNIGHT BUS

CONSEJO La hogaza de pan debe tener el mismo largo y ancho que cada uno de los tres rectángulos de pastel de carne. Si solo has podido conseguir una hogaza más grande, córtala para ajustarla al tamaño deseado antes de empezar.

AUTOBÚS NOCTÁMBULO DE STAN
CONDUCIDO Y SERVIDO EN PAN

 6 RACIONES 1-1 ½ HORA 🔥 50 MIN

¿Qué obtenemos si combinamos tres capas de pastel de carne con gruesas rebanadas de pan y otros ingredientes deliciosos? Una versión algo loca del Autobús Noctámbulo, el bus de tres pisos que recorre las calles a toda velocidad, recogiendo a brujas y magos extraviados... Gracias a sus detalles, nuestra versión se asemeja mucho al autobús más icónico del mundo mágico. Si prestas atención, seguro que puedes oír a Stan Shunpike diciendo: «¡Dale caña, Ern!».

PARA EL PASTEL DE CARNE

3 tazas/750 g de ternera magra picada

8 tiras finas de beicon troceado

1 ½ taza/150 g de pan rallado

1 cebolla grande picada

2 cucharaditas de orégano

1 huevo grande batido

2 cucharadas de mostaza en grano

Una buena pizca de sal

Una buena pizca de pimienta negra

PARA EL ACABADO

1 cucharada de aceite vegetal

2 cebollas en rodajas finas

4 cucharadas de mayonesa

Colorante alimentario natural lila

4 rodajas finas de calabacín

4 aceitunas negras

4 rodajas de remolacha cocida

1 hogaza de pan entera, sin cortar, de unos 15 cm de largo, 9 cm de ancho y 12 cm de alto

7 lonchas de cheddar u otro queso para hamburguesa

Un manojo pequeño de rúcula

OTROS UTENSILIOS

Bandeja, molde o fuente apto para horno de 30 x 23 cm

Manga pastelera pequeña de papel o de plástico

1 Precalienta el horno a 190 °C. Forra la fuente o molde con papel de horno, de modo que sobresalga unos 5 cm por los bordes. Pliega el papel en las esquinas.

2 Junta todos los ingredientes para el pastel de carne en un bol grande, añade un poco de sal y pimienta y mézclalo bien (te resultará más fácil hacerlo con las manos). Vierte la mezcla en la fuente o molde y extiéndela, asegurándote de que llega bien a las esquinas. Hornea durante 40 minutos.

3 Mientras tanto, calienta el aceite en una sartén y fríe las cebollas durante 8 minutos o hasta que estén doradas. Bate la mayonesa en un bol pequeño con un poco del colorante natural lila. Coloca una rodaja de calabacín y un pedazo de aceituna negra sobre cada rodaja de remolacha para crear las ruedas. Corta un rectángulo de 6 x 3 cm de una de las lonchas de queso.

4 Con un cuchillo para pan, corta la parte superior de la hogaza para hacer el techo. Después corta el resto horizontalmente en tres rebanadas gruesas. Cuando el pastel de carne esté hecho, retira cualquier líquido que haya quedado y sácalo de la fuente o molde. Corta el pastel de carne en tres rectángulos del mismo tamaño, recortándolos si es necesario para que coincidan con las rebanadas de pan. Coloca la base del pan en una bandeja de horno, añade un rectángulo de carne y cúbrelo con dos lonchas de queso y una capa fina de cebolla frita, seguida de una capa de hojas de rúcula. Pon encima otra rebanada de pan. Sigue añadiendo capas de ingredientes en este orden hasta llegar al techo. Ponlo de nuevo en el horno otros 10 minutos.

5 Con cuidado, pon el autobús en una tabla y coloca una rueda en cada esquina, usando un poco de mayonesa a modo de pegamento. Pega el rectángulo de queso en la parte frontal del bus con otro poco de mayonesa. Coloca el resto de la mayonesa en la manga pastelera. Asegúrate de que la abertura sea pequeña para que la línea salga fina. Úsala para añadir las ventanas del vehículo y añade el nombre del autobús al rectángulo de queso frontal.

HUEVOS ESCOCESES AL ESTILO McGONAGALL

 6 UNIDADES 1 HORA 30 MIN

Si sirves estos exquisitos huevos escoceses a tu familia y amigos, ¡tendrás asegurados por lo menos 10 puntos para Gryffindor! Envueltos en *haggis* vegetariano (no como la carne especiada que la profesora McGonagall debió de comer durante su infancia en los *highlands* escoceses) estos huevos son sabrosos, divertidos de preparar y capaces saciar a cualquiera. ¡Los devoraréis de una sentada!

7 huevos grandes

500 g de *haggis* vegetariano

Un manojo de cebolletas cortadas finas

Harina común para espolvorear

¾ de taza/75 g de pan rallado

Salsa de tu elección para servir

1 Pon seis huevos en un cazo y cúbrelos con agua ya hirviendo. Pon el cazo al fuego para que vuelva a hervir y cuécelos 6 minutos. Escurre el agua del cazo con cuidado y rellénalo con agua fría (cortará la cocción de los huevos). Déjalos enfriar.

2 Pon el *haggis* en un bol con la mitad de las cebolletas y mezcla bien ambos ingredientes. Te resultará más fácil hacerlo con tus propias manos. Pon la mezcla en una superficie y dale forma de pastel. Córtala en seis porciones iguales. Coge una porción y aplástala (usando la palma de la mano) hasta que quede lo más fina posible sin que se agriete ni se rompa. Repite el proceso con el resto de porciones.

3 Coge tres platos hondos. Espolvorea harina sobre uno de ellos. En otro, mezcla el pan rallado y la otra mitad de las cebolletas. Bate el huevo restante en el tercer plato.

Continúa en la página 58

COCINA BÁSICA

CÓMO COCER UN HUEVO

Existen distintos tipos de huevos cocidos según el tiempo de cocción: huevos pasados por agua, huevos *mollet* y huevos duros. Con el tiempo de cocción propuesto en el paso 1 de esta receta obtendremos unos huevos *mollet*.

Si quieres hacer huevos PASADOS POR AGUA (geniales para el desayuno, para mojar el pan o la tostada), cuécelos 3 minutos.

Si quieres hacer huevos DUROS (ideales para ensaladas, bocadillos o llevar en fiambrera), déjalos unos 9-10 minutos.

4 Precalienta el horno a 200 °C. Cubre la bandeja con papel de horno. Saca los huevos del agua y pélalos. Pásalos por la harina hasta que queden ligeramente rebozados. Después coge uno y pásalo por el huevo batido hasta que quede envuelto en una fina película. Toma una porción de *haggis* en la palma de tu mano, coloca el huevo en el centro y, con cuidado, envuélvelo con el *haggis*. Esto te llevará algo de tiempo, ya que el *haggis* puede agrietarse; si eso sucede, ten paciencia y ve uniendo y alisando la mezcla alrededor del huevo hasta que quede cubierto uniformemente. Repite el proceso con el resto de huevos.

5 Pasa los huevos envueltos en *haggis* otra vez por la harina, luego báñalos en el huevo batido y, por último, rebózalos con el pan rallado. Colócalos en la bandeja ya preparada y hornéalos 25 minutos o hasta que queden dorados. Sírvelos fríos o calientes, acompañados de la salsa que más te apetezca.

> «¿Por qué será que cada vez que pasa algo, siempre están ustedes en medio?»
>
> —PROFESORA McGONAGALL
> *HARRY POTTER Y EL MISTERIO DEL PRÍNCIPE*

DATO MÁGICO

El nombre de pila de la profesora McGonagall es Minerva, la diosa romana patrona de la sabiduría, la justicia y la estrategia militar. Bastante apropiado, ¿no crees?

¿SABÍAS QUÉ...?

Es fácil saber cuando un huevo se ha cocido demasiado tiempo. Al partirlo por la mitad, verás un fino anillo negro azulado alrededor de la yema.

PASTEL DE CARNE DE HOGWARTS

 6 RACIONES **30 MIN** **1 ¾ HORA**

Tras una sesión de entreno de quidditch en pleno invierno, o al salir de una clase realmente espeluznante de Cuidado de Criaturas Mágicas con Hagrid, no hay nada mejor que una buena comida caliente en el Gran Comedor. Uno de los platos favoritos de Harry es este completo y potente *Shepherd's Pie*, un tradicional pastel de carne británico perfecto para recuperar energías. ¡Riquísimo, suculento y saciante!

SG

1 kg de patatas cortadas en dados

55 g de mantequilla

2 cebollas cortadas en trozos grandes

3 zanahorias cortadas en trozos grandes

500 g de cordero picado

400 g de alubias blancas

¾ de taza/175 ml de caldo de cordero o de pollo

Una buena pizca de sal

Una buena pizca de primienta negra

Un puñado de perejil picado

3 cucharadas de tomate concentrado

Un poco de leche

1 Cuece las patatas en agua con un poco de sal durante 15 minutos, hasta que queden blandas. Funde un tercio de la mantequilla en una sartén grande y fríe la cebolla y la zanahoria a fuego lento durante 5 minutos. Añade el cordero y déjalo al fuego otros 5 minutos, removiendo y mezclando con una cuchara de madera.

2 Añade las alubias, el caldo, el perejil y el tomate concentrado y mantenlo a fuego lento hasta que empiece a hervir. Déjalo al fuego unos 30 minutos, removiendo de vez en cuando, hasta que la mezcla quede ligeramente espesa.

3 Mientras se cocina la carne, escurre las patatas y ponlas en un bol. Añade el resto de la mantequilla y un chorro de leche, y tritúralo hasta conseguir un puré sin grumos.

4 Sazona el cordero con sal y pimienta. Con cuidado, vuelca la mezcla en una bandeja o una fuente de horno grande. Precalienta el horno a 220 °C.

5 Pon el puré de patatas sobre el cordero en una capa uniforme (véase CONSEJO). Hornéalo 15 minutos. Reduce la temperatura del horno a 180 °C y hornéalo otros 30 minutos hasta que el puré de patatas quede dorado.

CONSEJO

Si quieres darle un toque artístico, puedes añadir el puré de patatas formando espirales o estrellas. Para hacerlo, ponlo en una manga pastelera con una boquilla con estrías o con forma de estrella y cubre el pastel. Esta técnica requiere práctica, pero vale la pena invertir algo de tiempo para aprender a dominarla.

DATO MÁGICO

Si prestas atención a las paredes del Gran Comedor, verás que las antorchas encendidas que lo iluminan están sujetadas por las mascotas de las cuatro casas: el cuervo, el tejón, el león y la serpiente.

CONSEJO

★

¡Esta receta es particularmente buena para perfeccionar tu habilidad con el cuchillo! Prepara la col, el calabacín y la cebolla con antelación cuando tengas tiempo suficiente para cortarlo bien fino.

SOPA DEL SAUCE BOXEADOR

 2-4 RACIONES **30 MIN** **20 MIN**

Basta echar un vistazo a esta riquísima sopa para que nos venga a la mente la imagen de Ron y Harry atrapados en el Ford Anglia del señor Weasley, mientras el Sauce Boxeador lo golpea para quitárselo de encima. En esta receta hemos reemplazado las ramas del famoso árbol por tiras de col y de calabacín. Si la vas a comer como entrante o primer plato, te dará para cuatro personas; como plato principal, tendrás para dos raciones.

V **VG**

- 2 tazas/500 ml de caldo vegetal
- 1 calabacín grande
- 2-3 hojas grandes de col verde
- 2 cucharadas de aceite vegetal
- 1 cebolla cortada
- 3 dientes de ajo picado
- ¼ de taza/75 g de crema de cacahuete crujiente
- 1 cucharada de raíz de jengibre rallada fina
- 3 cucharadas de salsa de soja
- 400 g de alubias negras escurridas

1 Calienta el caldo en un cazo, añade el calabacín y déjalo a fuego lento 5 minutos. Después pon el calabacín en una tabla y guarda el caldo.

2 Enrolla las hojas de col y córtalas en rodajas finas con un cuchillo. Si el tallo es muy grueso, te recomendamos quitarlo antes para facilitarte el trabajo. Corta el calabacín de arriba abajo en láminas muy finas. Después corta las láminas en juliana, en tiras tan finas como te sea posible.

3 Calienta el aceite en una sartén grande y fríe el ajo y la cebolla a fuego bajo 5 minutos, hasta que la cebolla quede blanda. Añade la crema de cacahuete, el jengibre y el caldo reservado. Espera hasta que la crema de cacahuete se haya fundido, añade la salsa de soja y las alubias y déjalo a fuego lento durante 5 minutos.

4 Añade la col y el calabacín a la sartén, ahogando las verduras en el caldo para que se reblandezcan. Déjalo a fuego lento durante 3-4 minutos. Sirve la sopa en boles.

«Habéis arriesgado la discreción de nuestro mundo. Por no mencionar el daño infligido al Sauce Boxeador, que vive aquí desde muchísimo antes de vuestro nacimiento».

—Profesor Snape
Harry Potter y la cámara secreta

ESTOFADO SANO Y BESTIAL DE HAGRID

 4 RACIONES   **30 MIN**   **2 ¼ HORAS**

Hagrid no es conocido por sus dotes culinarias; cualquiera que haya probado sus galletas de frutas puede confirmarlo. Pero hay que reconocer que, si hay algo que se le da bien cocinar a este encantador semigigante, eso son los estofados de ternera. ¡Especialmente si son tan fáciles de hacer como este! Este sabroso plato, cargado de carne y verdura, nos hará sentir como en casa. Todos los jóvenes de Gryffindor lo adoran (y los no tan jóvenes también).

1 cucharada de harina común

Una buena pizca de sal

Una buena pizca de pimienta negra

1 ¾ taza/400 g de filete o de bistec de ternera para estofado cortado en dados

3 cucharadas de aceite vegetal

3 zanahorias grandes en dados

2 cebollas picadas

1 puerro picado

2 dientes de ajo picado

¼ de taza/50 g de cebada perlada

3 tazas/750 ml de caldo de ternera

1 cucharada de mostaza en grano

Un buen puñado de perejil picado, y un poco más para espolvorear

2 patatas grandes para asar cortadas en dados pequeños

1   Pon la harina y un poco de sal y pimienta en un plato. Añade la carne y enharínala. Calienta 2 cucharadas de aceite en una olla grande y fríe la mitad de la carne hasta que quede dorada. Esto te llevará unos 5 minutos. Pásalo a otro plato y haz lo mismo con el resto de la carne.

2   Echa las zanahorias, las cebollas, el puerro y los ajos en la olla, y fríelo todo con aceite durante 5 minutos. Coloca de nuevo la carne en la olla con la cebada perlada, el caldo, la mostaza y el perejil y déjalo al fuego hasta que empiece a hervir. Baja el fuego al máximo y cúbrelo con una tapa. Déjalo a fuego lento durante 1 hora. Añade las patatas a la olla y déjalo al fuego durante otra hora hasta que la carne quede bien tierna. Sírvelo en boles, echando un poco de perejil por encima.

DATO MÁGICO

Robbie Coltrane no solo fue la primera opción de la autora de Harry Potter, J. K. Rowling, para interpretar a Hagrid, sino que también fue el primer actor adulto seleccionado para las películas.

«Tengo algo para ti. He tenido que venir sentado sobre él, pero imagino que aún sabrá igual de bien».

—RUBEUS HAGRID
Harry Potter y la piedra filosofal

Para una versión vegetariana, usa caldo vegetal y 500 g de setas cortadas por la mitad en vez de ternera, siguiendo el mismo proceso al enharinar y sazonar que el explicado en la página anterior.

PASTA CASERA DE HOGWARTS

 4 RACIONES 10 MIN 15 MIN

Gryffindor, Ravenclaw, Hufflepuff y Slytherin... Las cuatro casas de Hogwarts están representadas por igual en este plato lleno de energía y de sabor. Nos encanta este plato, especialmente porque la forma de esta pasta nos recuerda a las pajaritas que Harry y Ron llevan (a regañadientes) en el Baile de Navidad. No dudes en cambiar algunos los ingredientes si prefieres otros, pero recuerda elegir alimentos con los colores de las cuatro casas.

- 3 tazas/200 g de pasta *farfalle* seca
- 2 cucharadas de aceite de oliva
- 2 tazas/300 g de berenjena en dados
- ½ taza/50 g de peperoni en dados
- 1 pimiento amarillo cortado en trozos pequeños
- ⅔ de taza/100 g de judías verdes cortadas en trozos pequeños
- ⅔ de taza/150 ml de salsa vinagreta

1 Llena una olla con agua, échale un poco de sal y ponla al fuego. Cuando hierva, pon la pasta y déjala unos 10 o 12 minutos, hasta que esté blanda.

2 Mientras se cuece, calienta el aceite en una sartén y fríe a fuego lento la berenjena durante 8 minutos, o hasta que se ablande y se dore. Añádele el peperoni y el pimiento amarillo y fríelo durante 2 minutos.

3 Cuando a la pasta le queden un par de minutos, añade las judías a la olla para que se cuezan. Usa un colador grande para escurrir la pasta y las judías y pásalas a un bol. Añade ahora los ingredientes fritos y aliña con la vinagreta. Sirve la pasta caliente. Si quieres guardarla en un táper, déjala enfriar previamente.

CONSEJO

Puedes preparar tu propia salsa vinagreta mezclando los siguientes ingredientes en un bol pequeño: 6 cucharadas de aceite de oliva, 2 cucharadas de vinagre de vino, 2 cucharaditas de azúcar, 1 cucharadita de mostaza de Dijon, y un poco de sal y pimienta.

¿SABÍAS QUE...?

A la pasta *farfalle* también se la llama «de lacitos» por su forma. En italiano, *farfalle* significa «mariposas», otra forma a la que recuerda esta pasta.

GACHAS NOCTURNAS DE LA ORDEN DEL FÉNIX

🍴 1 RACIÓN   **🕐 15 MIN, MÁS REMOJO DURANTE LA NOCHE**

Como ocurre con la Orden del Fénix, la organización secreta fundada por Albus Dumbledore en los años setenta y reconstituida clandestinamente por algunos alumnos décadas después, esta receta es tan buena que querrás mantenerla en secreto. En realidad, es una variante del muesli de Bircher, en que la avena se deja en remojo durante toda la noche para que quede suave. ¡No te olvides de prepararlas antes de irte a la cama!

V

35 g de copos de avena

120 ml de leche (o cualquier leche vegetal)

Una buena pizca de canela en polvo

PARA SERVIR

½ manzana o pera

Un puñado de pasas de Corinto, sultanas o rubias

1 cucharadita de semillas de amapola

2 cucharadas de pistachos picados (véase CONSEJO)

3 frutos rojos (frambuesas, moras o fresas pequeñas)

Miel (opcional)

1 Pon la avena, la leche y la canela en un bol. Remueve un poco la mezcla, cúbrela y déjala en la nevera o en un lugar fresco durante la noche.

2 A la mañana siguiente, ralla la manzana o la pera (no hace falta pelarla antes) y añádela al bol. Después echa las pasas.

3 Esparce las semillas de amapola formando una espiral sobre la avena. Después echa el pistacho entre las semillas y decora el centro con los frutos rojos. Si te apetece, puedes echarle un poco de miel.

VE Si quieres hacer una versión vegana, usa leche vegetal y sirope de arce en lugar de miel.

OTROS CONDIMENTOS DELICIOSOS

Prueba la misma receta acompañando con otras semillas, frutos secos y fruta fresca. Otras versiones deliciosas:

* Rodajas de plátano bañadas en zumo de lima y rociadas con sirope de arce.

* Trocitos de pomelo, espolvoredos con azúcar moreno y avellanas tostadas.

* Arándanos frescos, almendras laminadas y una pizca de azúcar de vainilla.

* Una espiral de yogur y mermelada.

* Arándanos rojos, semillas de calabaza y un poco de chocolate blanco rallado.

CONSEJO

★

Si lo prefieres, puedes pelar los pistachos antes de trocearlos para que su llamativo color verde destaque más. Colócalos en un bol resistente al calor, cúbrelo con agua ya hirviendo y déjalos reposar 2 minutos. Escúrrelos y, usando papel de cocina, frótalos para quitarles la cáscara y la piel por completo.

TORTITAS TRANSFORMADAS

  6-8 UNIDADES   30 MIN   10 MIN

En *Harry Potter y la piedra filosofal*, Harry y Ron se quedan boquiabiertos cuando, al entrar en clase, el gato sentado en la mesa de la profesora McGonagall se transforma en la mismísima maestra. Este tipo de hechizo se llama «transformación» o «transfiguración», y convierte un objeto en otro. Un poco como estas tortitas, doradas por un lado y oscuras por el otro. Son ideales para desayunar o merendar, ¡y puedes servirlas con tu fruta favorita!

PARA LAS TORTITAS

1 taza/125 g de harina común

1 cucharadita de levadura en polvo

Una buena pizca de sal

2 cucharadas de azúcar granulado

1 huevo grande

2/3 de taza/150 ml de leche

1 cucharada de cacao en polvo

1 cucharadita de extracto de vainilla

Aceite vegetal para freír

CONDIMENTOS

Sirope de arce o de chocolate

Nata montada, crema agria o yogur griego

Frambuesas, arándanos, melocotón, mango o piña

1 Pon la harina, la levadura en polvo, el azúcar y la sal en un bol. Haz un agujerito en el centro, rompe el huevo y vuélcalo ahí. Añade un chorro de leche. Mezcla el huevo y la leche con una batidora, y después añade poco a poco la harina. Conforme la mezcla se vaya espesando, añade más leche, hasta que la mezcla quede espesa y sin grumos. Separa un tercio de la mezcla, ponla en otro bol y añade ahí el cacao en polvo. Añade el extracto de vainilla al resto de la mezcla.

2 Pon la sartén en el fuego con un chorrito de aceite. Cuando esté caliente, vierte una cucharada grande de la mezcla con vainilla y deja que se extienda (unos 9 cm de diámetro). Si la sartén es grande, puedes añadir otra cucharada en el otro extremo. Te recomendamos no hacer más de dos a la vez, pues las tortitas se cocinan muy rápido. En cuanto empiecen a salir burbujas (más o menos al minuto de echar la mezcla) gira la tortita con una espátula o una espumadera plana. Vierte una cucharadita de la mezcla con cacao sobre cada una de las tortitas y extiéndela hasta los bordes con el dorso de una cuchara.

3 Voltea las tortitas y cocínalas durante 30 segundos más. Retíralas. Calienta un chorrito más de aceite y cocina el resto de la mezcla siguiendo el mismo proceso. Sirve las tortitas con cualquiera de los acompañamientos.

CONSEJO

Para elaborar tu propio sirope de chocolate con el que acompañar las tortitas, pon 100 g de pepitas de chocolate con leche o chocolate troceado en un cazo pequeño con 4 cucharadas de nata espesa y una cucharada de azúcar. Caliéntalo a fuego lento hasta que el chocolate se funda y la mezcla quede homogénea.

«Tal vez sería más útil que transformara al señor Potter y a usted en un reloj de bolsillo».

—PROFESORA McGONAGALL
HARRY POTTER Y LA PIEDRA FILOSOFAL

Huevos de Dragón de Hagrid

 6 RACIONES   **45 MIN, MÁS ENFRIAR**   **10 MIN**

Cuanto más peligrosa sea una criatura mágica, más cariño le tendrá Hagrid. Y en el mundo mágico, no hay nada más peligroso y letal que los dragones. Estos huevos están inspirados en Norberto, el *ridgeback* noruego que el guardabosques de Hogwarts adquirió y cuidó cuando estaba en el cascarón, y son tan sabrosos que con uno no tendrás suficiente. Aunque, por tu seguridad, esperamos que no salga ningún colacuerno húngaro por sorpresa.

PARA LOS HUEVOS

6 huevos grandes

4 bolsas de té negro

Un poco menos de ½ taza/120 ml de salsa de soja oscura

PARA EL ACABADO

Varios puñados de hojas de espinacas

1 taza/100 g de *pretzels* o palitos salados

Salsa *Thousand Island*

1   Pon los huevos en un cazo, ajustados pero sin apretarlos. Vierte el agua hirviendo poco a poco hasta cubrirlos. Cuécelos 5 minutos. Retira los huevos con una cuchara y ponlos rápidamente en un bol con agua fría. Golpea los huevos contra la mesa o la encimera con cuidado, y después hazlos rotar sobre la superficie hasta que la cáscara esté completamente agrietada, incluyendo la parte superior y la base.

2   Añade al cazo las bolsitas de té y ponlo a hervir de nuevo. Cuando el agua haya adquirido un tono marrón oscuro, retira las bolsitas de té. Usa una cucharita para exprimirles todo el líquido presionándolas contra el lateral del cazo. Añade la salsa de soja al cazo y, con cuidado, pon también los huevos. Cuécelos durante otros 5 minutos y déjalos enfriar del todo en el líquido.

3   Retira las cáscaras de los huevos con mucho cuidado: así dejarás al descubierto el blanco marmolado de los huevos. Coloca las hojas de espinacas en un plato y coloca los huevos en el centro. Después esparce los palitos salados o los *pretzels* alrededor para simular un nido. Sírvelos junto a la salsa.

CONSEJO

La salsa *Thousand Island* es fácil de elaborar. Solo tienes que batir 75 g de mayonesa en un bol con dos cucharaditas de kétchup o puré de tomate, ¼ cucharaditas de chile suave en polvo y el zumo de un limón exprimido.

DATO MÁGICO

Norberto, la cría de *ridgeback* noruego, fue generado completamente por el brillante equipo de efectos especiales de *Harry Potter y la piedra filosofal.*

TOSTADAS DEL NIÑO QUE SOBREVIVIÓ

🍽️ 1 UNIDAD   🕐 10 MIN   ▦ 5 MIN

¿Cicatriz con forma de rayo? Sí. ¿Gafas? Sí. ¿Pelo revuelto? También. Con esta divertida y facilísima receta aprenderás a recrear los rasgos más famosos de Harry Potter... ¡en un sándwich! Te recomendamos usar jamón y queso para el relleno porque la combinación es sencillamente deliciosa. Pero el sándwich de queso con cebolla rallada también está riquísimo, y las gafas de berenjena le dan un estupendo toque vegetal.

2 rebanadas de pan blanco o integral

Un poco de mantequilla para untar y freír

2 lonchas de jamón

2-3 lonchas de queso cheddar

2 rodajas muy finas de berenjena, cada una de unos 4 cm de diámetro

4 cucharadas de salsa barbacoa

OTROS UTENSILIOS

Cortador de galletas de 3 cm

Manga pastelera pequeña de plástico o de papel

1   Unta el pan con mantequilla y haz un sándwich con el jamón y una de las lonchas de queso.

2   Calienta un poco de mantequilla en una sartén pequeña y fríe la berenjena durante un par de minutos por cada lado para ablandarla. Retíralas de la sartén, pásalas a una tabla y recorta el centro usando un cortador de galletas. Pon el sándwich en la sartén y déjalo durante 1 minuto para que la base se dore.

3   Precalienta el horno o la parrilla a fuego alto. Coloca el resto del queso sobre el sándwich de modo que quede cubierto y déjalo en el fuego hasta que el queso se funda. Luego añade las dos rodajas de berenjena al sándwich.

4   Pon la salsa barbacoa en una manga pastelera pequeña. Úsala para dibujar la cicatriz y el puente de las gafas. Crea el pelo con el resto de la salsa.

DATO MÁGICO

A lo largo de las ocho películas, al actor Daniel Radcliffe le tuvieron que dibujar en la frente la famosa cicatriz de Harry alrededor de 5.800 veces. ¡Guau!

CARTAS DE LECHUZA

 6 UNIDADES **1 HORA** **35 MIN**

El correo mágico es diferente al correo postal de los muggles, como Harry descubre cuando una lechuza le entrega en el número 4 de Privet Drive la que sería su primera carta de Hogwarts (aunque el señor Dursley la destruye antes de que pueda leerla). Tu familia y amigos recibirán estas delicias con forma de carta y rellenas de chorizo y pimiento con el mismo entusiasmo. Si no te apetece hacer las crepes, también puedes usar tortillas de trigo grandes.

PARA LAS CREPES

1 taza/125 g de harina común

1 huevo grande

1 ⅓ taza/340 ml de leche

Aceite vegetal para freír

PARA EL RELLENO

2 pimientos rojos

1 cucharada de aceite vegetal

1 cebolla morada grande troceada

1 taza/120 g de chorizo troceado fino

¼ de taza/75 g de salsa de tomate espesa preparada

¼ de taza/75 g de salsa *relish* (de pimiento, tomate, maíz dulce o cebolla)

PARA EL ACABADO

Rotulador comestible de repostería negro

OTROS UTENSILIOS

Cortador redondo de metal, de unos 2,5 cm de diámetro

1 Para hacer las crepes, pon la harina en un bol grande y haz un agujero en el centro. Vierte ahí el huevo y añade un poco de leche. Bátelo todo manualmente, añadiendo la harina de forma gradual. Después añade también el resto de la leche, poco a poco y batiendo hasta que la mezcla quede homogénea.

2 Calienta un poco de aceite en la sartén hasta que esté muy caliente, inclinando la sartén para que cubra la base por completo. Vierte en ella un cucharón de la mezcla y ladea la sartén para que se expanda por toda la base. Mantén 1 minuto en el fuego, hasta que la crepe se dore por debajo. Voltea la crepe con una espátula y cocina el otro lado. Retírala y déjala en un plato. Repite el proceso para hacer cinco crepes más, añadiendo un poquito de aceite a la sartén cada vez.

3 Para hacer el relleno, empieza extrayendo tres círculos pequeños de uno de los pimientos con un cortador y resérvalos (servirán como decoración). Trocea el resto del pimiento. Calienta aceite en la sartén y fríe a fuego lento la cebolla, el pimiento y el chorizo durante 8 minutos, removiendo frecuentemente. Añade la salsa de tomate y la salsa *relish* y retíralo del fuego.

Continúa en la página 78

«¡Papá, mira! ¡Una carta para Harry!»

—DUDLEY DURSLEY

HARRY POTTER Y LA PIEDRA FILOSOFAL

CONSEJO

En lugar de batir la mezcla de la crepe a mano, puedes poner los ingredientes en una batidora eléctrica o un procesador de alimentos y batirlo todo en un momento hasta que quede homogénea.

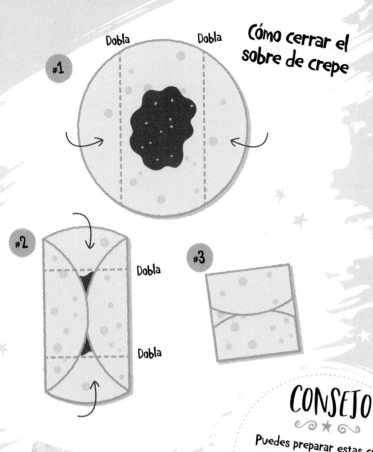

Cómo cerrar el sobre de crepe

#1 Dobla   Dobla

#2 Dobla   Dobla

#3

4 Precalienta el horno a 200 °C. Forra una bandeja con papel de horno. Coloca las crepes sobre la mesa o la encimera, con el lado más claro hacia abajo. Añade a cada una el relleno en el centro y aplánalo ligeramente. Dobla dos lados opuestos de la crepe sobre el relleno de modo que casi se toquen. Presiona con cuidado. Dobla el lado inferior hacia arriba y el lado superior hacia abajo para cerrar la crepe y darle una forma más o menos cuadrada. Pasa tres cuadrados a la bandeja de horno y coloca un círculo de pimiento rojo en el centro de cada uno.

5 Da la vuelta a las tres crepes restantes y escribe la dirección de Harry usando el rotulador comestible de repostería. Ponlas en la bandeja. Hornea las crepes durante 12 minutos y sírvelas calientes.

CONSEJO

Puedes preparar estas crepes varias horas antes de comer. Móntalas y decóralas, y déjalas en una bandeja listas para meterlas en el horno justo antes de servirlas.

La dirección de Harry (en caso de que necesites un recordatorio)

MR. H. POTTER.
The Cupboard under the Stairs.
4, Privet Drive,
Little Whinging,
SURREY

DATO MÁGICO

Para la escena en la que cientos de cartas vuelan por toda la sala de estar de los Dursley, el equipo de producción preparó más de 10.000 sobres con la dirección de Harry impresa. Estos sobres eran especialmente ligeros para que pudieran hacerlos volar fácilmente.

BOCADILLO EN CALDERO

🍴 4–6 RACIONES   🕐 45 MIN   🔥 2 MIN

Junto con las túnicas y los libros de texto, los nuevos alumnos de Hogwarts deben comprar un caldero, que usarán para elaborar pociones (a menudo acompañadas de explosiones y sus consecuentes pérdidas de puntos para la casa). Sin embargo, este plato especial inspirado en un caldero es de todo menos un desastre. Al cortar el bocadillo descubrirás múltiples capas de jamón, lechuga, aguacate y pepino... ¡Toda una delicia!

1 hogaza pequeña de pan redondo (de unos 18 cm de diámetro)

Mantequilla blanda para untar

8-10 lonchas de jamón

¼ pepino en rodajas finas

1 aguacate grande en rodajas finas

4-6 cucharadas de salsa de tomate

Varias hojas de lechuga (exteriores)

PARA DECORAR

¼ de taza/45 g de maíz o maíz dulce

3 zanahorias grandes

1 Corta una rebanada fina de la parte superior de la hogaza con un cuchillo para pan. Usa una cuchara grande de metal para extraer tanta miga como te sea posible; el resultado debe ser un cascarón de corteza fina y crujiente. Intenta mantener tanta miga en una sola pieza como te sea posible; así podrás sacar de ella una rebanada más tarde. Unta el interior de la corteza con mantequilla. Te resultará más fácil si usas el reverso de la cuchara.

2 Coloca un tercio del jamón en la base del pan. Cúbrelo con la mitad del pepino y del aguacate, y después echa la mitad de la salsa. Añade la mitad de las hojas de lechuga y después la mitad del jamón que queda.

3 En la medida de lo posible, corta una rebanada de la miga de pan; si no tienes ninguna pieza lo suficientemente grande, puedes hacerla juntando pedazos. Unta con mantequilla la parte inferior, colócala sobre el jamón, y luego unta la parte superior. Pon el resto de ingredientes dentro del pan. La última capa debe ser de jamón. Envuelve el bocadillo y déjalo en la nevera hasta el momento de servir.

4 Para decorar el bocadillo, cuece el maíz en agua hirviendo durante 2 minutos y después escúrrelo. Usa un pelador para hacer tantas cintas de zanahoria como te sea posible. Amontónalas en un plato grande y repártelas para formar una capa gruesa. Puedes reservar algunas y cortarles los extremos para darles aspecto de llamas. Coloca el pan y recoloca las cintas para que queden alrededor del caldero. Esparce el maíz por encima de la capa superior de jamón... ¡y ya está listo para servir!

CONSEJO

La cantidad de relleno que puedes meter en el pan, depende de la amplitud y la profundidad de la hogaza, así que puede que necesites un poco más o un poco menos. Si tienes otros ingredientes favoritos para tus bocadillos, también puedes usarlos, ¡siempre que no sean demasiado húmedos!

PATATAS ASADAS DE FLUFFY

 3 RACIONES  **30 MIN** **1 ¼ HORAS**

Con esta original receta aprenderás a crear tu propia versión de Fluffy, el gigantesco perro de tres cabezas cuyo mordisco es mucho peor que su ladrido (el profesor Snape, que tuvo un pequeño encuentro con esta bestia en *Harry Potter y la piedra filosofal*, lo sabe bien...). Puede que estas sabrosas y saludables patatas asadas, con zarpas y colmillos hechos de rábanos, asusten un poco..., pero si pones música relajante mientras comes, todo irá bien.

3 patatas para asar de tamaño similar

2 cucharadas de aceite de oliva

Una buena pizca de sal

4 patatas pequeñas

2 tiras largas de piel berenjena

Un puñado de rábanos

3 cucharadas de salsa barbacoa sin gluten

6 alcaparras

3 aceitunas negras

OTROS UTENSILIOS
Manga pastelera pequeña de plástico o de papel

1 Precalienta el horno a 200 °C. Coloca las patatas para asar en una fuente apta para horno y píntalas con gran parte del aceite. Salpiméntalas y hornéalas durante 30 minutos. Añade las patatas pequeñas a la fuente, píntalas con el aceite restante y hornea durante otros 20 minutos. Por último, añade la berenjena a la fuente y hornea otros 10 minutos o hasta que al pinchar las patatas con un cuchillo las notes muy blandas. Déjalas enfriar hasta que puedas sacarlas sin problema.

2 Pasa las patatas grandes a una tabla. Con las manos, presiona uno de los lados de las patatas para darles forma de hocico (si están demasiado calientes, puedes envolverte las manos con un paño de cocina). Pon las patatas en un plato o en una fuente poco profunda y resistente al calor; coloca las patatas pequeñas a modo de patas.

3 Corta seis pedazos triangulares de la berenjena para crear las orejas. Haz dos cortes en cada una de las patatas y coloca en ellas las orejas. Corta rodajas finas de rábano y dales forma ovalada para los ojos. Crea los colmillos con más rodajas de rábano y usa pedazos (con piel) para hacer las garras. Haz más cortes cerca de la base e introduce los colmillos y las garras.

4 Pon la salsa barbacoa en una manga pastelera pequeña de plástico o de papel con la boquilla fina. Usa un poco de salsa para pegar los ojos y añade una alcaparra en el centro de cada ojo. Usa más salsa para pegar las narices de aceitunas negras. Por último, decora los ojos y las patas dibujando con la salsa.

5 Justo antes de servir, calienta en el horno las patatas, en el plato o fuente resistente al calor, durante 5-10 minutos.

DATO MÁGICO

Fluffy tiene un punto débil: el sonido de la música. ¡Lo duerme al instante!

CONSEJO
✦ ✺ ✦

Las patatas para asar tienen una textura
blanda y a menudo son descritas como
harinosas o esponjosas (precisamente es lo
que significa «fluffy» en inglés). Las patatas
pequeñas suelen ser más densas y firmes,
y también se las llama «cerosas».
Notarás la diferencia en la textura
cuando las cortes.

POSTRES y DULCES

«Lo he hecho yo, ¡con sus letras y todo!»

Rubeus Hagrid

Si eres una persona golosa,
este apartado te encantará. Está a rebosar
de delicias de azúcar... ¡igual que la tienda
de caramelos Honeydukes!

PUDÍN IMMOBULUS

 8-10 RACIONES 45 MIN, MÁS CONGELAR 3-5 MIN

Este estupendo pudin, cubierto de merengue batido, parece como si se hubiera frenado en seco; un poco como los traviesos duendecillos de Cornualles en *Harry Potter y la cámara secreta* cuando Hermione les lanza el encantamiento de congelación *Immobulus*. El bizcocho, la fruta y el helado de vainilla en el centro también te dejarán inmóvil... pero por lo delicioso que está.

- 1 bizcocho casero o comprado, de unos 350 g
- 4 cucharadas de mermelada de fresa o de frambuesa
- 1 litro de helado de vainilla
- 1 ½ taza/180 g de frambuesas (frescas o congeladas) cortadas por la mitad
- 4 claras de huevo grande
- 1 ⅛ taza/225 g de azúcar granulado

OTROS UTENSILIOS

Plato o fuente resistente al calor, de unos 25 cm de diámetro
Sacabolas de helado (opcional)

CONSEJO

Este pudin es similar a una conocida receta muy retro: la Tarta Alaska. Puedes mezclar y combinar sabores usando diferentes bizcochos de base, como chocolate, café o coco. El helado puede ser de tu sabor favorito. El secreto está en asegurarse de que el helado está del todo sólido antes de cubrirlo de merengue y hornearlo.

1 Primero, asegúrate de tener espacio suficiente en el congelador para un plato o una fuente poco profunda de unos 25 cm, cargado con todo el relleno. Corta el bizcocho en trozos grandes y colócalos juntos en la base del plato. Úntalos con mermelada.

2 Usa una cuchara sopera o un sacabolas para verter encima parte del helado. Añade frambuesas tanto dentro como alrededor del helado. Continúa añadiendo capas de helado y fruta. No es necesario que quede perfecto, pero sí es importante que el centro quede en forma de cúpula. Déjalo en el congelador hasta el paso número 4.

3 Pon las claras de huevo en un bol grande y perfectamente limpio y bátelas con una batidora eléctrica hasta que estén a punto de nieve. Añade una cucharada de azúcar y bate durante 10 segundos. Añade otra cucharada de azúcar. Continúa batiendo la mezcla añadiendo gradualmente más azúcar hasta que el merengue quede espeso y brillante.

4 Esparce el merengue sobre el helado hasta que el pudin quede cubierto con una capa uniforme. Asegúrate de que no quedan zonas demasiado finas de merengue en que se vea el helado. Usa el reverso de una cuchara para formar picos por todo el merengue. Vuelve a dejar el pudin en el congelador durante al menos 1 hora.

5 Para servir, pasa el pudin a la nevera durante una hora. Precalienta el horno a 240 °C. Si es necesario, baja la bandeja interior del horno para que haya espacio suficiente para el merengue. Entonces, introduce el pudin y hornea durante 3-5 minutos hasta que las puntas del merengue estén doradas. Tendrás que estar muy pendiente del pudin, dado que el merengue puede quemarse rápidamente. Sírvelo nada más sacarlo.

PUDÍN MÍSTICO DE LIMÓN DE DUMBLEDORE

 6 RACIONES **25 MIN** **30 MIN**

Como gran amante de los dulces, especialmente de los refrescantes caramelos de limón (¡sus favoritos!), Albus Dumbledore, el director de Hogwarts, no dudaría en dar su sello mágico de aprobación a este sorprendente y original pudín al horno. Es una cremosa mezcla con sabor a limón que se separa durante el horneado para obtener una cubierta dulce y esponjosa, con una capa fundida debajo... ¡Casi como por arte de magia!

2 limones grandes

1 taza/200 g de azúcar granulado

55 g de mantequilla blanda

²/₃ taza/85 g de harina común

3 huevos grandes separados

1 ¹/₃ taza/340 ml de leche

Azúcar glas para espolvorear

1 Precalienta el horno a 180 °C. Usa un rallador para raspar la parte exterior de la piel de los limones. Córtalos por la mitad y exprímelos. Deberías obtener al menos 80 ml. Pon el azúcar, la mantequilla, la harina, la ralladura de limón y las yemas en un bol con un poco de leche y bátelo con la batidora hasta que quede cremoso. Sin dejar de batir, ve añadiendo poco a poco el resto de la leche y el zumo de limón, hasta que todo esté bien integrado. No te preocupes si parece que la mezcla empieza a cuajarse o a cortarse.

2 Pon las claras de huevo en un bol limpio y bátelas hasta que al levantar el batidor del bol se formen picos. Añade las claras de huevo sobre la mezcla de limón. Usa una cuchara grande de metal para «plegar» las claras de huevo en la mezcla hasta que quede homogénea (véase CONSEJO).

3 Viértelo en un plato resistente al calor y coloca el plato sobre una fuente de horno. Añade a la fuente unos 2 cm de agua muy caliente. Introdúcelo con cuidado en el horno y hornéalo 30 minutos hasta que el pudín suba y se dore. La superficie debería estar blanda al presionar ligeramente con los dedos. Sírvelo caliente, espolvoreado con azúcar glas.

CONSEJO

Cuando se añaden las claras de huevo a una mezcla, es mejor «plegar» los ingredientes sobre sí mismos en vez de removerlos. Así se consigue retener parte del aire de las claras. Con la cuchara grande de metal, haz movimientos desde abajo hacia arriba, de modo que la mezcla se pliegue sobre las claras. Repite el movimiento en otras zonas del bol para que las claras y la mezcla de limón se vayan integrando. Sigue haciéndolo hasta que no queden grumos y no se vean claras de huevo en la mezcla.

DATO MÁGICO

Además de los caramelos de limón, a Albus Dumbledore también le encantan las gominolas de regaliz, un dulce mágico con un toque picante... literalmente. Harry puede dar fe de ello.

TARTA DE MANZANA DEL LAZO DEL DIABLO

 8 RACIONES　 **1 HORA, MÁS ENFRIAR**　🍳 **50 MIN**

Esta gran tarta afrutada no desentonaría en absoluto en un banquete de Hogwarts, aunque Harry, Ron y Hermione se lo pensarían dos veces antes de probarla, y es que las largas y retorcidas tiras de hojaldre recuerdan al lazo del diablo, una peligrosa planta que te atrapa con más fuerza cuanto más te resistes. Afortunadamente, esta versión es totalmente inofensiva. Lo único que quedará atrapado serán tus papilas gustativas.

PARA LA MASA

2 ¾ tazas/345 g de harina común

Una buena pizca de sal

1 taza/225 g de mantequilla sin sal, en dados

⅛ de taza/25 g de azúcar granulado

2 yemas de huevo

1 cucharada de agua fría

PARA EL RELLENO

1 kg de manzanas peladas y sin corazón

½ taza/100 g de azúcar granulado

½ cucharadita de canela en polvo (opcional)

55 g de mantequilla sin sal en dados

1 huevo para glasear

Colorante alimentario natural marrón

OTROS UTENSILIOS

Procesador de alimentos (véase CONSEJO)

Molde para tartas poco profundo, resistente al calor o de metal, de unos 24 cm

1　Para hacer la masa, pon la harina, la sal y la mantequilla en el procesador de alimentos y mézclalo hasta que parezca pan rallado. Añade el azúcar, las yemas de huevo y una cucharada de agua fría, y mézclalo de nuevo hasta que se forme una masa uniforme. Envuelve la masa y déjala en la nevera durante 30 minutos.

2　Corta las manzanas y ponlas en un bol grande con agua fría. Esto evitará que las manzanas se oxiden. Si usas canela, mézclala con el azúcar en un bol aparte.

3　Corta la masa por la mitad. Pon una mitad en una superficie enharinada y estírala para crear un círculo de al menos 28 cm de diámetro. Con cuidado, pásala al molde y presiona suavemente para que encaje cubriendo toda la superficie y los bordes. Corta la masa que sobresalga con un cuchillo.

4　Escurre las manzanas y coloca la mitad en el plato. Espolvoréalas con la mitad de la canela con azúcar y añade la mitad de la mantequilla. Coloca el resto de las manzanas encima, y después añade el resto de la canela con azúcar y la mantequilla.

5　Bate el huevo en un bol pequeño con unas pocas gotas de colorante alimentario marrón. Pinta el contorno de la masa con el huevo batido.

6　Estira con un rodillo la otra mitad de la masa y usa un cuchillo para cortarla a tiras irregulares, entre 1 cm y 0,5 cm de ancho. Con los dedos, pellizca y moldea las tiras para curvarlas, y colócalas sobre el relleno, retorciéndolas y entrelazándolas para que parezcan serpientes. Une la masa que te haya sobrado en una bola, estírala y haz más tiras de diferentes grosores. Colócalas encima de la tarta, enredándolas con el resto de tiras hasta que el relleno quede casi cubierto del todo. Enfríalo durante 30 minutos.

7　Precalienta el horno a 200 °C. Coloca una bandeja de horno en la reja. Pinta toda la tarta con huevo batido, colócala en la bandeja y hornea durante 50 minutos o hasta que esté dorada. Sírvela con nata, natillas o helado de vainilla.

GALLETAS DE JENGIBRE DEL EXPRESO DE HOGWARTS

 10 UNIDADES APROX. 1-1 ½ HORA, MÁS ENFRIAR · 15-20 MIN

El trayecto desde el andén 9 y ¾, en Londres, hasta la estación de Hogsmeade es muy largo, por lo que más vale llevar algo para picar. Igual que las grageas Bertie Bott de todos los sabores, las ranas de chocolate y los sándwiches aplastados (hechos con amor por la señora Weasley), estas galletas de jengibre son ideales para calmar el hambre. Esta receta da para unas diez galletas, ¡suficientes para cualquier viaje, ya sea en tren, en coche o en avión!

PARA LA MASA DE JENGIBRE

- 85 g de mantequilla cortada en dados pequeños
- ⅓ de taza/75 g de azúcar moreno claro
- 2 yemas de huevo
- 4 cucharadas de sirope de maíz o sirope dorado
- 1 ½ taza/190 g de harina común
- ¼ cucharadita de levadura en polvo
- 1 cucharada de jengibre en polvo

PARA DECORAR

- 100 g de *fondant* rojo
- Azúcar glas para espolvorear
- Glaseado blanco en tubo para decorar
- Varios palos o cintas de regaliz
- Un puñado de caramelos redondos de colores
- 10 grageas de caramelo de color blanco
- Rotulador de repostería rojo o negro

OTROS UTENSILIOS
Procesador de alimentos

1 Para hacer la masa, pon todos los ingredientes de la masa en el procesador de alimentos y mézclalos hasta conseguir una masa uniforme. Colócala sobre una superficie, envuélvela en *film* transparente y enfríala durante 30 minutos.

2 Precalienta el horno a 180 °C. Cubre una bandeja con papel de horno. Dibuja y recorta la plantilla del tren de la página 120. Pon la masa sobre una superficie ligeramente enharinada y estírala hasta que tenga unos 5 mm de grosor. Coloca la plantilla sobre la masa y recórtala usando un cuchillo pequeño afilado. Pon el tren en la bandeja de horno y después haz tantos trenes como te sea posible. Puedes juntar y volver a amasar los pedazos sueltos para hacer más. Deja que se enfríen en la bandeja durante 20 minutos.

3 Hornea las galletas unos 15-20 minutos, hasta que los bordes empiecen a tostarse. Déjalas en la bandeja durante 5 minutos y después ponlas en una rejilla para que se enfríen.

Continúa en la página 94

4 Dibuja y recorta la plantilla de la placa roja que encontrarás en la página 120. Estira el *fondant* rojo sobre una superficie ligeramente espolvoreada con azúcar glas. Debe quedar muy fino. Coloca la plantilla encima y recorta usando un cuchillo pequeño afilado. Pon un poco del glaseado blanco en la parte superior de una de las galletas (funcionará como pegamento) y pega el *fondant* rojo. Corta un rectángulo de 7,5 x 1 cm y pégalo del mismo modo en la base del tren. Corta y pega más láminas de *fondant* en el resto de las galletas. Pega una pequeña tira de *fondant* en la parte superior de cada chimenea.

5 Corta el regaliz en tiras finas con un cuchillo pequeño y afilado y pégalas junto al *fondant* rojo. Corta también trozos pequeños para cubrir las ruedas. De nuevo, usa el glaseado blanco para pegarlo.

6 Escribe «5972» en la parte frontal de las galletas y luego engancha los caramelos de colores y las grageas blancas usando más glaseado blanco. Usa el rotulador comestible de repostería para dibujar el escudo de Hogwarts en las grageas.

DATO MÁGICO

El Expreso de Hogwarts está hecho
con piezas de trenes de vapor reales:
la locomotora «5972 Olton Hall»
y cuatro (después serían cinco)
vagones de pasajeros Mark I
de British Railways.

No. 257

Ticket to be shown upon demand

for ONE WAY travel

LONDON
TO
HOGWARTS

Platform 9¾

Platform 9¾

Issued subject to the Rules & Regulations of the
Hogwarts Express Railway Authorities

TARTA INVERTIDA LEVICORPUS

8 RACIONES · **30 MIN** · **40 MIN**

Este exquisito postre está del revés; igual que cuando se realiza el encantamiento *Levicorpus*, que hace que la víctima quede colgada hacia abajo. La piña y las cerezas se colocan en la base del molde y quedan cubiertas por una mezcla esponjosa. Tras el horneado, la tarta se vuelca invertida sobre el plato revelando una capa de fruta de lo más apetitosa. Puedes servirla sola o acompañada de nata o helado. ¡Esta receta es tan deliciosa que te dejará el paladar patas arriba!

V | **SG**

6-7 rodajas de piña en lata, escurridas

Unas cuantas cerezas (frescas, caramelizadas o glaseadas)

¾ de taza/180 g de mantequilla blanda y sin sal

¾ de taza/170 g de azúcar moreno claro

Ralladura y zumo de una lima

2 huevos grandes

²/₃ de taza/125 g de polenta

1 cucharadita de levadura en polvo sin gluten

1 ¼ taza/125 g de almendras molidas

PARA EL ACABADO

¹/₃ de taza/70 g de azúcar granulado

4 cucharadas de agua

Zumo de 2 limas

Estrellas doradas comestibles

OTROS UTENSILIOS

Molde redondo para tartas de 20 cm

1 Precalienta el horno a 180 °C. Engrasa el molde redondo para tartas de 20 cm y cubre la base con un círculo de papel de horno. Corta las cerezas y las rodajas de piña por la mitad. Coloca los trozos de piña en el molde, dejando algo de espacio entre ellos (no deberían tocarse). Coloca las cerezas en los espacios más grandes, con el lado cortado mirando hacia arriba.

2 Bate la mantequilla, el azúcar y la ralladura de lima en un bol hasta que la mezcla quede cremosa y de un tono pálido. Ve añadiendo los huevos batidos poco a poco. Añade la polenta, la levadura y las almendras, y mezcla. Vierte en el molde, con mucho cuidado para evitar que la fruta se mueva.

3 Nivela la superficie de la tarta con el reverso de la cuchara y hornéalo durante 40 minutos hasta que suba y se dore. La superficie debería quedar firme y, al insertar en el centro un cuchillo, este debería salir limpio.

4 Aprovecha la espera para preparar el sirope. Pon el azúcar en un cazo pequeño con 4 cucharadas de agua y calienta a fuego lento hasta que el azúcar se disuelva. Llévalo a ebullición y mantenlo durante 3-4 minutos hasta que se convierta en almíbar. Retíralo del fuego, añade el zumo de lima y remueve.

5 Pasa un cuchillo entre la tarta y el molde con cuidado. Coloca encima el plato en el que vas a servir la tarta. Sujetando con firmeza tanto el plato como el molde, gíralo y retira el molde. Quita el papel de horno y rocíalo con el sirope. Justo antes de servirla, decórala con las estrellas doradas, dejándolas caer sobre la superficie en forma de espiral.

CONSEJO

En lugar de usar harina, en esta tarta usamos polenta y almendras molidas. Si quieres asegurarte del todo de que la tarta no contiene gluten, fíjate bien que la levadura en polvo sea también sin gluten.

DATO MÁGICO

Levicorpus, también llamado «embrujo colgador», fue inventado por el Príncipe Mestizo (es decir, Severus Snape) cuando era estudiante en Hogwarts.

DULCE DE AZÚCAR DE CORNELIUS FUDGE

🍴🍽️ 25-30 UNIDADES ⏱️ 20 MIN, MÁS ENFRIAR

Este dulce de azúcar es ideal para grandes y pequeños chefs, porque es increíblemente fácil de hacer. Lleva solo tres ingredientes, además de un poco de colorante verde para representar las llamas Flu que permiten a brujas y magos entrar y salir del Ministerio de Magia, donde tuvo lugar una temible y crucial batalla en *Harry Potter y la Orden del Fénix*. ¡Un dulce y cremoso tentempié perfecto para una ocasión especial!

V   SG

¼ de taza/60 g de aceite de coco

2 tazas/300 g de pepitas de chocolate blanco o troceado

½ taza/100 ml de nata de repostería

Colorante alimentario natural verde

OTROS UTENSILIOS
Molde cuadrado de plástico o de metal de 18 cm

1 Coloca papel de horno en la base del molde cuadrado de plástico o de metal; asegúrate de que llegue a todas las esquinas. Pon el aceite de coco y el chocolate en un bol resistente al calor y colócalo sobre un cazo con agua al fuego (sin que hierva). El cazo debe ser más pequeño que el bol, para evitar que este toque el agua caliente. Apaga el fuego y deja reposar hasta que se funda, removiendo con suavidad una o dos veces.

2 Pon la nata en un bol con una pizca de colorante alimentario verde. Añade la mezcla del chocolate fundido y remueve despacio para mezclarlo. Viértelo en el molde y allánalo. Enfríalo durante varias horas o toda la noche.

3 Saca el dulce de azúcar del molde y retira el papel de horno. Córtalo en cuadrados pequeños. Como el dulce de azúcar es bastante blando, es posible que el cuchillo se ensucie mientras cortas; límpialo tras realizar varios cortes antes de seguir. Guarda en la nevera los dulces que no vayas a comer en el momento.

«Oh, vamos, Harry, el Ministerio no envía a nadie a Azkaban por inflar a su tía».

—CORNELIUS FUDGE
HARRY POTTER Y EL PRISIONERO DE AZKABAN

DATO MÁGICO

Cornelius Fudge se convirtió en el ministro de Magia en 1990. Se rumorea que consiguió el puesto solo porque Albus Dumbledore lo rechazó.

MUFFINS DE ARAGOG

 12 UNIDADES   1 HORA, MÁS ENFRIAR   🔥 20 MIN

Mucho más cuquis y menos terroríficos que Aragog (cuyas enormes patas y ojos penetrantes aterrorizaron a Ron en la segunda película) estos *muffins* arácnidos están tan ricos que tus invitados los devorarán en un abrir y cerrar de ojos. Aunque están igual de buenos, los *muffins* no se conservan tan bien como los bizcochos, así que es mejor hacerlos el mismo día en que se van comer, o congelarlos si se preparan con antelación.

PARA LOS *MUFFINS*

2 tazas/250 g de harina común

1 cucharada de levadura en polvo

¼ de taza/30 g de cacao en polvo

¾ de taza/170 g de azúcar moreno claro

¾ de taza/175 ml de leche

2 huevos grandes batidos

⅓ de taza/80 ml de aceite de oliva o aceite vegetal

½ taza/75 g de pepitas de chocolate con leche (o troceado)

PARA DECORAR

55 g de mantequilla blanda

⅔ de taza/85 g de azúcar glas

2 cucharadas de cacao en polvo

1 cucharadita de agua hirviendo

9 caramelos o gominolas negras y redondas, de 2 cm de diámetro

Varias tiras o ruedas de regaliz negro

18 ojos comestibles de caramelo

Glaseado blanco en tubo

OTROS UTENSILIOS
Bandeja de *muffins* para 12 unidades

12 moldes de papel, preferiblemente negros

Espátula delgada

1 Precalienta el horno a 190 °C. Prepara la bandeja colocando los moldes de papel en cada hueco. Tamiza la harina, la levadura en polvo y el cacao en polvo en un bol grande. Añade el azúcar.

2 Añade la leche, los huevos, el aceite y el chocolate y remueve los ingredientes hasta que queden bien mezclados. Deberían quedar algunos granos de los ingredientes secos a la vista. Vierte la mezcla en los moldes de papel de la bandeja y hornea durante 20 minutos o hasta que suban y queden firmes al tocarlos. Pásalos a otra bandeja y espera a que se enfríen del todo.

3 Para preparar la decoración, pon la mantequilla, el azúcar, el cacao en polvo y una cucharadita de agua hirviendo en un bol y bátelo todo durante un par de minutos, hasta que la mezcla quede homogénea y cremosa. Pon un poco sobre cada *muffin* y extiéndela casi hasta los bordes usando la espátula.

4 Coloca un caramelo o gominola redonda negra en el centro de nueve de los *muffins*. Corta las tiras de regaliz en fragmentos de 2 cm de largo. Si usas ruedas de regaliz, desenróllalas y corta trocitos de 2 cm de largo. Dobla y coloca cuatro trozos de regaliz a cada lado del caramelo negro (el cuerpo) para hacer las piernas de la araña. Usa el glaseado blanco para fijarlas, y también para pegar un par de ojos comestibles a cada araña.

5 Usa el glaseado blanco para dibujar telarañas sobre los tres *muffins* restantes.

BLONDIES DE DRACO MALFOY

 20 UNIDADES   **20 MIN**   **25 MIN**

Aunque ambos son rubios y pálidos, estos bizcochitos de chocolate blanco son todo lo que no es el archienemigo de Harry, Draco Malfoy: dulces, con buena presencia e indudablemente buenos. Solo necesitan 25 minutos de horneado, por lo que estarás tentado de comértelos nada más salir del horno (en cuanto se hayan enfriado un poco, claro), aunque es mejor esperar antes de hincarles el diente, porque se cortan mejor cuando están fríos.

- 2 ⅔ tazas/400 g de pepitas de chocolate blanco o troceado
- ¼ de taza/60 g de mantequilla
- 3 huevos grandes
- ½ taza/110 g de azúcar granulado
- 1 ⅓ taza/170 g de harina común
- 1 cucharadita de levadura en polvo
- 1 taza/125 g nueces o pacanas troceadas

OTROS UTENSILIOS
Fuente rectangular poco profunda de 28 x 23 cm

1 Precalienta el horno a 190 °C. Forra una bandeja o fuente rectangular y poco profunda con papel de horno. Ajusta el papel en el interior, y también en las esquinas de la fuente.

2 Guarda la mitad del chocolate. Pon la otra mitad y la mantequilla en un bol resistente al calor. Calienta un poco de agua en un cazo y coloca el bol en este. El cazo debe ser más pequeño para evitar que el bol toque el agua. Déjalo en el fuego hasta que se funda, removiendo de vez en cuando.

3 Bate los huevos y el azúcar en otro bol con una batidora eléctrica durante 4-5 minutos, hasta que la mezcla quede espumosa. Añade el chocolate fundido, el chocolate reservado, la harina, la levadura en polvo y las nueces en el bol, y remueve hasta que quede homogéneo.

4 Vuelca la mezcla en la fuente o en la bandeja y espárcelo bien hasta las esquinas. Hornea durante 25 minutos, hasta que suba y se dore. Deja que se enfríe del todo en la fuente antes de cortarlo en cuadrados.

¿SABÍAS QUE...?

Estos bizcochos se llaman «blondies» porque son la versión con chocolate blanco del brownie clásico. Se inventaron en Estados Unidos hace más de cien años.

DATO MÁGICO

Una de las frases más famosas de Draco en las películas de Harry Potter («¿Leyendo? Ignoraba que supieras leer») fue improvisada por el actor Tom Felton cuando se olvidó del texto original.

MERENGUES DE HEDWIG

8 RACIONES · **1 HORA** · **50-60 MIN**

Hedwig fue el regalo que Hagrid le hizo a Harry por su onceavo cumpleaños, y pronto se convirtió en una de sus amigas más leales, aunque de vez en cuando le dé algún que otro picotazo (sobre todo cuando él llega tarde a la lechucería de Hogwarts). Con esta receta podrás elaborar tu propia versión de la compañera emplumada de Harry, convertida en un delicioso merengue que se te derretirá en la boca. Créenos cuando decimos que con uno no tendrás suficiente...

PARA EL MERENGUE

3 claras de huevo grandes

¾ de taza/150 g de azúcar de grano fino

PARA EL ACABADO

4 pasas cortadas por la mitad

Un puñado de almendras laminadas

Glaseado en tubo amarillo y marrón o negro

1 Precalienta el horno a 130 °C. Cubre una bandeja grande con papel de horno.

2 Bate las claras de huevo en un bol limpio hasta que estén a punto de nieve. Añade una cucharada de azúcar y bate de nuevo durante 10 segundos. Añade otra cucharada de azúcar. Sigue batiendo la mezcla, añadiendo gradualmente el azúcar, hasta que el merengue quede espeso y brillante.

3 Vierte una cucharada llena (una octava parte de la mezcla) en la bandeja de horno, usando otra cuchara para separar el merengue. Extiende la mezcla con el reverso de la cuchara hasta obtener un rectángulo de 7,5 x 6 cm. Con el reverso de una cucharilla, presiona para hacer los dos cráteres; serán las cuencas de los ojos.

4 Coloca media pasa justo entre los dos ojos para hacer el pico. Añade las almendras laminadas en el merengue, repartidas para simular las plumas. Hornéalo durante 50-60 minutos, hasta que el merengue quede ligeramente crujiente. Hornéalo un poco más si es necesario. Deja que se enfríe.

5 Usa el glaseado para los ojos: forma grandes círculos amarillos y otros más pequeños, marrones o negros, en el centro.

DATO MÁGICO

Aunque Hedwig era una lechuza hembra, en la pantalla fue interpretada por varios búhos nivales macho. El más importante fue Gizmo, un carismático búho que apareció en la mayoría de las escenas.

CONSEJO

El secreto para el merengue perfecto es batir bien la mezcla cada vez que añadimos azúcar. Si lo añadimos todo demasiado deprisa, las claras de huevo no podrán retenerlo y durante el horneado el almíbar se desprenderá del merengue.

SALA DE LOS MENTA-STERES

 18 UNIDADES APROX. **20 MIN**

La Sala de los Menesteres, situada en el séptimo piso del castillo de Hogwarts, es un lugar realmente maravilloso, pues se aparece solo a aquellos que realmente la necesitan. Si alguna vez necesitas unos «bocaditos» de menta tan ricos y frescos que te despejen la mente en un abrir y cerrar de ojos, esta es tu receta. Además, son fáciles de preparar y solo necesitarás unos pocos ingredientes.

1 clara de huevo

2 tazas/250 g de azúcar glas

1 taza/75 g de coco deshidratado

1 cucharadita de extracto de menta

¼ de taza/40 g de pepitas de chocolate con leche o troceado

1 Bate la clara de huevo con un tenedor, pero manteniéndola líquida, sin que llegue a montarse. Pon el azúcar, el coco y el extracto de menta en un bol y añade una cucharada generosa de clara de huevo. Mezcla los ingredientes hasta que queden bien integrados. Amasa con las manos hasta que quede firme. Si la masa se desmenuza, añade un poco de clara de huevo (si te pasas, quedará demasiado pegajosa).

2 Vuelca la masa sobre una superficie y moldéala en forma de un tronco alargado, de unos 23 cm de largo. Usa un cuchillo afilado para cortar el tronco en rodajas de 1 cm de grosor. Ponlas en una lámina de papel de horno.

3 Pon el chocolate en un bol resistente al calor y ponlo sobre un cazo con agua casi hirviendo, sin que el bol toque el agua. Apaga el fuego y espera a que el chocolate se funda. Rocíalo con una cucharilla sobre los bocaditos y deja que se enfríen. Cuando estén fríos, guárdalos en un recipiente y déjalos en un lugar fresco (durarán varios días).

DATO MÁGICO

En lugar de cojines (como se describe en los libros), el diseñador de producción Stuart Craig decidió llenar la Sala de los Menesteres con espejos. «Fotográficamente, los reflejos nos ofrecían muchísimas posibilidades de lo más interesantes», explicó.

BEBIDAS

«Tres cervezas de mantequilla, una de ellas con jengibre, por favor».

HERMIONE GRANGER

Estas bebidas refrescantes y afrutadas
(todas con un toque mágico) gustarán tanto
a los más pequeños como a los adultos.
¡Pero ten cuidado con el grindylow!

BATIDOS DE LAS CASAS DE HOGWARTS

🍴🍽 2 VASOS PEQUEÑOS   🕐 20 MIN

Impresiona a tus amigos con este refrescante batido que representa a las cuatro casas de Hogwarts. El truco es montar las capas con cuidado para que las frutas de diferentes colores se mantengan separadas. Empieza con kiwi en el fondo (verde para Slytherin), le siguen los arándanos azules (azul para Ravenclaw), la piña (amarillo para Hufflepuff) y finalmente las fresas (rojo para Gryffindor). Pero es solo una propuesta, ¡puedes cambiar el orden si quieres!

V   **VG**   **SG**

⅓ piña pequeña pelada

1 taza/175 g de fresas

2 kiwis pelados

1 taza/125 g de arándanos azules

OTROS UTENSILIOS
Batidora eléctrica o procesador de alimentos

CONSEJO
⤜ ★ ★ ⤛

Algunas frutas quedan más espesas que otras cuando las trituras. Si queda demasiado espesa, añade un poco de agua para diluirla, pero no demasiada, o no podrás montar las capas con los diferentes colores.

1 Corta la piña en trozos grandes, descartando el corazón, y tritúrala con una batidora o un procesador de alimentos hasta que quede homogénea. La piña tiene una textura densa, por lo que puede que tengas que añadir un poco de agua para que no quede demasiado espesa. Déjala en un bol.

2 Haz lo mismo con el resto de las frutas, enjuagando bien la batidora cuando acabes de triturar cada una de ellas. Déjalas cada una en un bol.

3 Con cuidado, usa una cuchara para verter una de las frutas en dos vasos, intentando que no manche las paredes. Llena solo un cuarto del vaso. Añade encima otra de las frutas. Evita verterla desde más arriba del borde del vaso o los colores se mezclarán al caer. Repite el proceso con el resto de la fruta y sírvelo, o déjalo en la nevera hasta que lo sirvas.

GRYFFINDOR

HUFFLEPUFF

RAVENCLAW

SLYTHERIN

CONSEJO

Si te sobran pequeñas cantidades de verdura de un plato, como floretes de brócoli, trocitos de espárragos, pimientos o judías verdes, puedes usarlas en esta receta en lugar de las que te sugerimos en la lista (¡el único requisito es que sean verdes!).

BATIDO DE MOCO DE TROL

 1 VASO   🕐 10 MIN

«Puaj... mocos de trol». Puede que el nombre de este batido te haga arrugar la nariz (igual que Harry cuando tuvo que enfrentarse a un trol en *Harry Potter y la piedra filosofal*), pero no te pasará lo mismo al probarlo. Al contrario, está riquísimo. Y, además, es una forma genial de añadir algunas verduras a tu dieta, como la col rizada y el pepino, si no te gusta demasiado verlas en el plato.

Un puñado de hojas de col rizada

½ aguacate pelado y sin hueso

Trozo de pepino de 2,5 cm cortado en dados

Zumo de limón o de lima

1 cucharadita de miel

1 taza/250 ml de zumo de uva verde, pera o manzana

½ maracuyá

OTROS UTENSILIOS

Batidora o procesador de alimentos

1 Pon todos los ingredientes, excepto el maracuyá, en una batidora eléctrica o un procesador de alimentos y mézclalos hasta que no tenga grumos, empujando hacia abajo los trocitos que queden pegados en los laterales.

2 Viértelo en un vaso y usa una cucharilla para añadir trocitos de maracuyá encima del batido, empujándolos ligeramente hacia abajo.

DATO MÁGICO

El trol que Hermione, Ron y Harry derrotan con gran valentía en los baños de las chicas en *Harry Potter y la piedra filosofal* es un trol de montaña... ¡y mide más de tres metros! La profesora McGonagall resta cinco puntos a Gryffindor por la imprudencia de Hermione, pero recompensa la valentía de Ron y Harry con cinco puntos por cabeza.

«¡Trol en las mazmorras! ¡Hay un trol en las mazmorras! Ya lo he dicho».

—PROFESOR QUIRRELL
Harry Potter y la piedra filosofal

Sorpresa de Calabaza

 2 VASOS   **20 MIN**   **10 MIN**

Este batido inspirado en el zumo de calabaza, una bebida muy popular en el mundo mágico (sobre todo en ocasiones importantes como Halloween), es como beberse una deliciosa tarta de calabaza. Magníficamente especiada (y más si eres te atreves a añadirle el tabasco) es perfecta para cualquier momento y para cualquier fiesta, especialmente en otoño. Si no puedes usar calabaza fresca, también puedes usar enlatada (véase CONSEJO).

V   **SG**

- 2 ½ tazas/500 g de calabaza fresca (½ calabaza pequeña aprox.) en dados, sin piel y sin semillas
- ½ cucharadita de «especias de tarta de calabaza» (canela, nuez moscada, jengibre, clavo y pimienta de Jamaica) o mezcla de especias dulces
- Zumo de 1 lima
- 2-3 cucharadas de sirope de arce
- ⅔ de taza/150 ml de leche (o cualquier leche vegetal)
- Cubitos de hielo
- Tabasco o cualquier otra salsa picante (opcional)

OTROS UTENSILIOS
Batidora o procesador de alimentos

1 Pon los dados de calabaza y las especias en un cazo y cúbrelos con agua. Ponlo al fuego hasta que hierva. Después déjalo a fuego lento durante 10 minutos, hasta que la calabaza se reblandezca. Escúrrela con un colador y deja que se enfríe.

2 Pasa el batido a un procesador de alimentos o una batidora y añade el zumo de lima, la leche y 2 cucharadas de sirope de arce. Bátelo hasta que quede homogéneo. Prueba el batido y añade un poco más de sirope de arce si quieres darle un toque más dulce.

3 Sirve dos vasos, añádeles algunos cubitos de hielo y espolvorea con un poco de tabasco si te gusta el picante.

CONSEJO

Si solo puedes conseguir puré de calabaza enlatado, usa 350 g. Si tras mezclarlo con el zumo te queda demasiado espeso, añade un poco más de leche.

TRAGO DE GRINDYLOW

I VASO   **20 MIN**

¡Alerta! Como ocurre en el Lago Negro de Hogwarts, donde moran todo tipo de criaturas extrañas, un pequeño demonio de agua acecha en las profundidades de este zumo ácido de frutas. Pero no te asustes, es solo un trozo de pera enlatada, tallada para parecerse a la cabeza de un grindylow. Probablemente lo mejor sea beberse el zumo y luego comerse la fruta con una cuchara... si te atreves.

V   **VG**   **SG**

2 cucharadas de azúcar granulado

Colorante alimentario natural verde oscuro

½ pera enlatada

2 semillas de calabaza

Lima exprimida

Aproximadamente I ¼ taza/310 ml de zumo de manzana o de pera

1   Pon el azúcar en un cuenco no muy hondo y añade 2-3 gotas de colorante alimentario verde. Usa el reverso de una cucharilla para mezclar el colorante con el azúcar hasta que quede todo tintado. Puede que te resulte más fácil hacerlo con los dedos cuando el color esté bien esparcido. Humedece con agua el borde de un vaso y colócalo dentro del bol bocabajo hasta que el borde quede bien revestido de azúcar.

2   Usa un cuchillo pequeño y afilado para cortar la parte superior de la pera. Después úsalo para tallar una boca larga y curva en la parte inferior de la pera. Si te manejas bien con el cuchillo, puedes usar la punta para hacer pequeñas muescas a modo de dientes. Haz dos agujeros más para los ojos. Para que parezca un auténtico grindylow, deben estar bien separados. Pon las semillas de calabaza en las cuencas de los ojos.

3   En una jarra pequeña, pon el zumo de fruta y añade una gota de colorante verde y un chorro del zumo de lima. Mézclalo bien y viértelo en el vaso decorado con el borde de azúcar. Con cuidado, coloca la pera en el fondo... ¡y ya está listo para servir!

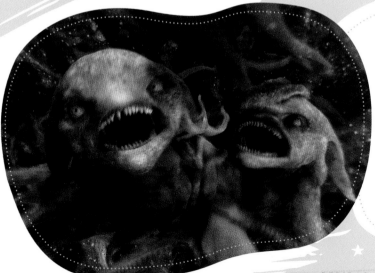

DATO MÁGICO

Los grindylows son criaturas de dientes afilados que viven en el Lago Negro de Hogwarts. Para crear la escena en *Harry Potter y el cáliz de fuego* en la que una horda de estos aterradores demonios del agua atrapa a Harry, dos especialistas tiraban de las piernas de Daniel Radcliffe sumergidos en un tanque subacuático con una pantalla croma. Más tarde se añadieron los efectos especiales.

CONSEJO

Este té se sirve caliente, aunque si te olvidas y se enfría, no te preocupes, seguirá estando delicioso. ¡Puede que hasta lo prefieras así!

TÉ ADIVINATORIO DE SYBILL TRELAWNEY

 2 VASOS   5 MIN

No necesitamos asistir a una de las dramáticas clases de Adivinación de la profesora Trelawney en Hogwarts para predecir que esta refrescante bebida afrutada te va a encantar. No lleva hojas de té, pero siempre puedes probar a «leer» las ralladuras de naranja en el fondo de la taza. Quién sabe, quizá tú también poseas «la vista». Sea como sea, por favor, que no se te aparezca el Grim...

V   **VG**   **SG**

1 naranja

2 cucharadas de sirope de arce

2 fresas cortadas finas

Varias hojas de menta troceadas finas

OTROS UTENSILIOS
Rallador de cítricos (opcional)

1 Pon media tetera de agua a hervir.

2 Ralla y exprime la naranja y repártela en dos vasos o tazas.

3 Añade el sirope de arce, las fresas y las hojas de menta y acaba de llenar las tazas con agua hirviendo. Remueve bien y sírvelo.

CONSEJO

No te preocupes si no tienes un rallador de cítricos; también puedes usar un rallador de queso.

«Tu aura da paso a la muerte. ¿Estás en el más allá?».

—Sybill Trelawney
Harry Potter y el prisionero de Azkaban

DATO MÁGICO

En las películas de Harry Potter, la profesora Trelawney es interpretada por Emma Thompson, actriz británica ganadora de dos premios Óscar. Thompson aparece en tres de las películas y dijo que su personaje estaba como una regadera.

PLANTILLAS

Calca estas plantillas y recórtalas para usarlas en tus recetas.

CAJA DE DULCES DE HOGWARTS

EL FORD ANGLIA VOLADOR DEL SEÑOR WEASLEY

SNITCHES DORADAS DE CACAHUETE

Corta por la línea de puntos

GALLETAS DE JENGIBRE DEL EXPRESO DE HOGWARTS

TABLAS DE CONVERSIÓN DE MEDIDAS

PESO SECO

IMPERIAL	MÉTRICO
½ oz	15 g
1 oz	29 g
2 oz	57 g
3 oz	85 g
4 oz	113 g
5 oz	141 g
6 oz	170 g
8 oz	227 g
10 oz	283 g
12 oz	340 g
14 oz	397 g
1 lb	453 g

PESO LÍQUIDO

TAZAS	OZ	ML
1 cda.	½ fl oz	15 ml
⅛ taza	1 fl oz	30 ml
¼ taza	2 fl oz	60 ml
⅓ taza	2½ fl oz	80 ml
½ taza	4 fl oz	120 ml
¾ taza	6 fl oz	175 ml
1 taza	8 fl oz	240 ml
1 ¼ tazas	10 fl oz	300 ml
1 ½ tazas	12 fl oz	355 ml
2 tazas	16 fl oz	480 ml
2 ½ tazas	21 fl oz	600 ml
3 tazas	25 fl oz	725 ml

TEMPERATURA

FAHRENHEIT	CELSIUS
100 °F	37 °C
150 °F	65 °C
200 °F	93 °C
250 °F	121 °C
300 °F	150 °C
325 °F	160 °C
350 °F	180 °C
375 °F	190 °C
400 °F	200 °C
425 °F	220 °C
450 °F	230 °C
500 °F	260 °C

NOTA: Todas las conversiones son aproximadas.

CONVERSIÓN DE LÍQUIDOS

1 GALÓN
4 cuartos
8 pintas
16 tazas
128 fl oz
3.8 litros

1 CUARTO
2 pintas
4 tazas
32 fl oz
946 ml

1 PINTA
2 tazas
16 fl oz
480 ml

1 TAZA
16 cda.
8 fl oz
240 ml

¼ TAZA
4 cda.
2 fl oz
60 ml

1 cucharadita (cdta.) = 5 ml

1 cucharada (cda.) = 15 ml

CONSEJO

Cuando uses tazas para medir, recuerda que los ingredientes secos deben estar nivelados, y no amontonados en el centro de la taza.

Si primero mides ingredientes líquidos o húmedos, enjuaga y seca bien la taza antes de medir ingredientes secos, o estos podrían quedarse pegados al recipiente.

ÍNDICE ALFABÉTICO

Publicado por primera vez por Scholastic Inc.

Publicado en España en 2023 por Magazzini Salani, un sello de Adriano Salani Editore s.u.r.l. Gruppo editoriale Mauri Spagnol. Milán, Italia.

Primera edición: octubre de 2023

Traducción de Jose López

ISBN: 979-12-59573-05-6

Impreso en China

Imágenes adicionales © Shutterstock

AMAZING15, gestión y diseño de proyecto • **JOANNA FARROW**, redacción y estilismo de alimentos
KATE LLOYD, redacción adicional • **LIZ & MAX HAARALA HAMILTON**, fotografía
DOMINIQUE ELOÏSE ALEXANDER, estilismo de accesorios • **REBECCA WOODS**, estilismo de alimentos

Gracias a nuestros modelos:
Ausra, Coco, Farrah, Max, Thomas

Y un agradecimiento especial para:
Alysia Scudamore de Urban Angels, Grace Oxenham y Lara York Designs